AF452972

LA FOUTRO-MANIE,

POËME LUBRIQUE,

Suivie de plusieurs autres Pièces du même genre.

*Scilicet is Superis labor est, ea cura quietos
Sollicitat . . . .*

Virg. Æneid.

À SARDANAPALIS,

AUX DÉPENS DES AMATEURS.

M. DCC. LXXX.

ÉPITRE DÉDICATOIRE.

Aux Foutro-Manes des deux Sexes.

CE n'eſt point ici une Religion nouvelle, un culte moderne, que je viens vous offrir, aimables débauchés, qui comptez pour les plus doux momens de la Vie, ceux que l'on donne aux plaiſirs, à la Volupté. Les tendres impulſions de la Nature ſont d'une antiquité égale à celle de l'exiſtence du Genre-humain ; & s'il s'agiſſoit de vous préſenter ici l'Arbre Généalogique de la Foutro-Manie, vous le verriez porter ſa tige touffue dans l'Olympe, & ſes racines profondes dans les gorges du Ténare. Les Dieux, les Déeſſes, furent donc Foutro-Manes ; c'eſt un axiome de la Fable, de cet ingénieux emblême de la vérité. A leur exemple, les Demi-Dieux, les Héros, s'abandonnèrent au doux penchant de la lubricité. On vit dans tous les Siècles, dans tous les âges, la luxure, exerçant ſon iné-

A 2

vitable empire fur tous les individus de l'efpèce humaine, phyfiquement organifée à l'inftar des Animaux. Le befoin & le defir de la Reproduction, entraînèrent conftamment les objets les uns vers les autres, & difposèrent les *Atomes* féminaux à une attraction réciproque; en forte que ce n'eft rien avancer de trop, que de faire remonter la Foutro-Manie à l'inftant de la Création.

Les opinions les plus anciennes, font celles qui femblent avoir le plus de droit à notre confiance, à notre affection. Chérir ce qui de tout tems fut cher à nos prédéceffeurs; croire à ce qui mérita leur approbation; rendre hommage à ce qui réunit ceux de tous les Siècles antérieurs; c'eft agir fagement, c'eft préférer un chemin fûr & frayé, à des routes nouvelles & menfongères. Pratiquons, fans fcrupules & fans frayeurs, les Dogmes immémoriaux de la Foutro-Manie; laiffons murmurer, & même fulminer, ces moraliftes importuns, Hypocrites, qui en condamnant avec une févérité apparente, les objets qu'ils aiment le plus, vont en cachette s'enivrer de ces plaifirs, qu'ils voudroient défendre aux autres, & qu'ils fe permettent furtivement. Mahomet prohiboit le Vin aux Mufulmans, & n'en buvoit pas moins le plus délicieux. Les Hébreux modernes ne s'abftiennent guère des Viandes prohibées à tous les Circoncis; & tous les graves Sorbonniftes, dont la cenfure ne pardonne rien, fe dérident toujours à l'afpect du fruit défendu, ceffent d'être auftères *en préfence de l'objet*, & n'héfitent pas de fe précipiter dans cet abyme, dans ce centre, où tout tend. C'eft alors que les chofes fe nomment par leurs Noms, fans périphrafes, fans voiles incommodes; parce qu'enfin il n'eft pas plus indécent, à bien y réfléchir, de nommer le membre viril, un *Vit*, & le foyer de la femme, un *Con*, que de dénominer toute autre partie du corps. Ces minutieufes modefties ne réuffiffent plus aujourd'hui, pas même chez les Béguines, à qui maint Jardiniers & maint

Directeurs ont donné des leçons utiles de langue , & de Phyſique expérimentale. La crainte de corrompre la jeuneſſe, eſt une peur frivole, qui ne feroit qu'étouffer le génie des Auteurs , ſans empêcher la contagion, ſi c'en eſt une, de faire des progrès. Sodome & Gomorrhe avoient déjà, par leurs excès, provoqué le feu vengeur du Ciel, avant que nos écrivains euſſent mis au jour, *Dom Bougre*, *Thérèſe Philoſophe* , *le Débauché converti* , *le Chapitre général des Cordeliers ;* avant que l'Homère des François, le Chantre du grand Henri, eût compoſé ſon ingénieuſe *Pucelle ;* avant que l'immortel Piron eût produit l'inimitable chef − d'œuvre en l'honneur du Dieu Priape. Il eſt donc du dernier ridicule de vouloir reprocher aux Auteurs , qui écrivent ſur les matières laſcives, la corruption déjà exiſtante, & dont ils ne ſont que les Hiſtoriens. Autrement, on pourroit avancer, que quiconque écrit ſur la Guerre, la Politique, & les différens objets qui intéreſſent les

Nations, devient complice des abus & des vices inévitables, auxquels les Guerriers & les Politiques de tous les Pays, de tous les Siècles, ne peuvent apporter que de foibles barrières.

J'espère donc, que les Lecteurs à qui cet ouvrage tombera entre les mains, ne me sauront pas mauvais gré d'avoir écrit l'Histoire & les progrès de la Foutro-Manie, de cet art primitif & suivant la Nature, dont l'origine est aussi célèbre qu'utile, dont la décadence entraîneroit celle de l'Univers. Ovide composa l'*Art d'aimer* (*); qu'il me soit permis de décrire l'*Art de Foutre*; & si l'on ne trouve pas dans ma Foutro-Manie, toute l'énergie dont brille l'Ode à Priape, que l'on se souvienne combien il est mal-aisé de soutenir, dans un ouvrage didactique & de

----

(*) Cet Art d'aimer d'Ovide, vient d'être traduit en vers François, par M. Bernard, que Voltaire appelle le GENTIL BERNARD. Mais il s'en faut de beaucoup que la traduction ait l'énergie & la chaleur de l'original.

longue haleine, le ton sublime & majestueux du Genre lyrique. De la légèreté, de la facilité, de la vérité dans les Tableaux, voilà tout ce que je me propose, n'aspirant à aucune gloire trop élevée, & n'ayant entrepris qu'une description libre de cette foule d'évènemens qui appartiennent immémorialement aux Annales de la Foutro-Manie.

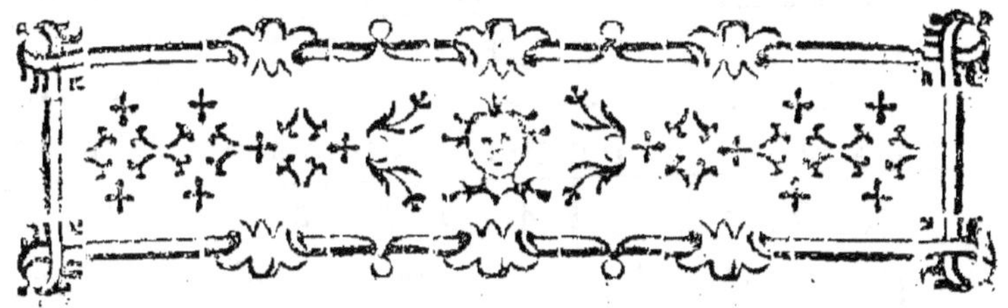

LA
FOUTRO-MANIE.

CHANT PREMIER.

Vous le voulez … Je vais fouiller mes rimes,
Poëtiser en jargon ordurier,
Des Cons, des Culs, diviniser les crimes,
Chanter des Vits les combats magnanimes,
Du Dieu Priape embellir le laurier,
Et dans mes Vers, impurement sublimes,
Du grand Voltaire enfiler le sentier.
Toi, dont les feux raniment la Nature,
Qui, maîtrisant l'homme & les animaux,
Brûle en secret le Cuistre & le Héros,
Sois ma Déesse, adorable Luxure !
Viens décider mes lubriques pinceaux !
Si des remords écartant le murmure,
Robbé, Piron, dans leurs rians travaux,

De traits frappans chargèrent leurs tableaux,
Toi seule en fis le fond & la bordure :
Des doux amours suivant les nobles traces,
Tu les fixas, tu dévoilas les Graces,
Et, nous montrant d'heureuses nudités,
Tu nous logeas au sein des voluptés.
Pour tes enfans reproduis tes spectacles,
A tes amis rends de tendres oracles,
Et, réveillant leurs languissans desirs,
Sous mes crayons offre-leur les plaisirs !
Vous, des Ribauds, des Héros Foutro-Manes,
Et des Putains, Urnes, Cendres & Manes,
Ranimez-vous au doux son de mes Vers,
Rajeunissez ce futile univers,
De vos transports échauffez mon Génie;
Par mille fleurs, mille charmes divers,
Donnez du sel à ma Foutro-Manie,
Et d'un beau Sperme abreuvant Uranie,
Enchaînez-là dans nos aimables fers !

Les Dieux, jadis, ennuyés, misérables,
Dans leur Olympe existoient sans plaisirs;
Un feu soudain rallume leurs desirs,
Leur cœur ressent des flammes agréables,
Pour cent beautés ils poussent des soupirs,
Les Cons, les Culs, leur semblent admirables,

Pendant la nuit & le cours du foleil ,
Le Vit bandant , ils tiennent leur confeil ,
Ne dorment plus , tant l'amour a de charmes!
De nos frayeurs , des humaines alarmes ,
De nos erreurs , de notre vil encens ,
Sont peu troublés , dédaignent nos préfens ,
Toujours pendus aux Cons de leurs Déeffes ,
Dans leurs Vagins épuifent leurs tendreffes ,
Au pur hazard remettent les Deftins ,
Ne fongeant guère au bonheur des humains ,
Or çà , foutons , puifqu'aux tendres ivreffes ,
Les Dieux prudens donnent un libre cours ;
Puifqu'entraînés par de lafcifs amours ,
Toujours fourrés dans les Cons , ou les Feffes ,
A la luxure ils confacrent leurs jours ,
Suivons gaiement leurs utiles exemples ;
La volupté nous offre mille Temples ,
N'en fortons plus , varions nos plaifirs ,
Du Con au Cul , des tettons aux aiffelles ,
Errons fans loix , promenons nos defirs ,
Rendons heureux cent objets infidèles ,
Et gardons-nous de coupables loifirs.
Le Tems volage & l'Amour ont des Ailes ,
En jouiffant , on les fixe tous deux ;
On rit du Sort , on maîtrife les Dieux ,

On eſt orné de palmes immortelles,
Lorſque, chaſſant les ſoucis ennuyeux,
On ſait errer dans les bras de vingt Belles!
Tâtons de tout, ſoyons fouteurs célèbres,
Immergeons-nous dans ce doux Océan,
Centre commun, néceſſaire élément,
Et, repouſſant les nuages funèbres,
Sans différer, jouiſſons du préſent!
Le moment vient, où la triſte impuiſſance
Dicte des Loix, appeſantit le cœur,
Et ſur nos ſens diſtille la langueur;
Où les Mortels, enclins à l'indolence,
Pour les plaiſirs n'ont force, ni vigueur.
C'eſt du trépas éprouver la rigueur,
C'eſt être mort, que de vivre ſans foutre!
Ne bandant plus, qu'importe d'aller outre,
D'être ſur terre un onéreux fardeau,
Et d'y trouver les Glaces du Tombeau!
Tendre Vénus, règle mes deſtinées,
Embraſe-moi de ton ardent flambeau,
De Cupidon prête-moi le bandeau,
File avec art mes jours & mes années!
Sans nul effroi de l'enfer & des Dieux,
J'ai tout bravé pour brûler de tes feux,
Et dépoſant toute crainte frivole,

J'ai

J'ai mille fois affronté la Vérole,
Livré l'affaut aux plus vertes Putains,
Comptant pour rien les Chancres, les Poulains,
Et tous ces maux, dont l'habile Saint Côme,
Par le Mercure, a fu délivrer l'homme;
Couronne-moi de tes plus doux lauriers,
Embrafe-moi par mille ardens baifers;
Et fais paffer dans ma bouillante Veine
Les feux vainqueurs du Raviffeur d'Héléne!
Le beau deftin que celui de Pâris!
De cent Putains terminer la querelle!
Le tendre fort que celui d'Adonis!
Pouvoir mourir dans les bras d'une Belle!
Pour un Ribaud, pour un hardi fouteur,
C'eft au bordel que gît le champ d'honneur.
La mort n'eft rien, le plaifir eft fuprême!
Un joli Con vaut mieux qu'un Diadême!
Quand je patine un couple de tettons,
Durs, arrondis, rebelles, élaftiques,
Lorfque nanti de mille appas Phyfiques,
Mon Vit, en rut, décharge à gros bouillons,
Des Dieux, des Rois, je méprife la gloire,
De l'Achéron je brave l'onde noire,
Aux vils Cagots, aux fiers Ambitieux,
Laiffant le foin de la terre & des Cieux.

* B

Sots amateurs des biens , de la puiſſance !
Le vrai bonheur eſt dans la jouiſſance.
Pour être heureux , ô lubriques Mortels,
Faut-il, Hélas! un Trône & des Autels !
Pourquoi briguer un hommage, une offrande ?
A quoi me ſert la grandeur , quand je bande ?
Un Con touffu , mutin , ingénieux
A deviner cent tours voluptueux ,
Des reins d'ivoire & des feſſes de marbre,
Une charnière à mobiles reſſorts ,
Qui , ſans quartier , m'attaquant corps à corps,
S'unit à moi comme le lierre à l'arbre,
Qui, ſecondant mes amoureux efforts ,
Aux coups de Cul répond avec adreſſe,
Serre mon Vit, forge les voluptés ,
Et me prodigue une adorable ivreſſe,
Voilà mes Loix & mes Divinités.
Avec le ſceptre, & l'encens, & l'hommage,
Jamais paillard, jamais fouteur, ni ſage,
N'ira troquer les plaiſirs enchanteurs,
Laiſſer les Cons à l'appas des honneurs.
Quand, dans mes bras laſcivement ſerrée,
Je tiens Dubois, (1) demi-morte, égarée,

____

(1) Actrice de la Comédie Françoiſe.

Ne renaiſſant que pour doubler l'aſſaut,
Mon cœur content croit tenir Cythérée,
Je ſuis de braiſe, & mon Vit, au plus haut,
Fier de fourbir de ſi ſuperbes charmes,
De Jupiter ne voudroit pas le ſort,
A Frédéric (1) ne rendroit pas les armes,
Soutient ſon rang & me conduit au port.
En la formant, la divine Nature
N'épargna rien ; l'eſprit & la beauté;
Telle eſt, en bref, ſa fidelle peinture,
Au globe entier, humaine Créature
N'eut autant l'air d'une Divinité.
Du Putaniſme auguſtes Héroïnes,
Tendres Saphos, modernes Meſſalines,
Accourez tous, c'eſt ici votre tems ;
Je vais tracer vos lubriques talens,
Vos grands exploits dans la Foutro-Manie,
Peindre au naïf plus d'une aimable Orgie,
Où cent Putains, épuiſant les Ribauds,
Aux Vits bandans ſervirent de tombeaux.
Arnou(2), Clairon (3), vous gémiriez ſans doute,

---

(1) Le Glorieux Seigneur de POSTDAM.
(2) Chanteuſe de l'Opera, fille d'un Pâtiſſier,
devenue célebre par ſes amours avec le Comte
de * * *.
(3) Première Actrice de la Comédie Françoiſe,

Si, vous taifant, je vous faifois l'affront
De refufer à votre aimable front,
Les grands honneurs de la fublime joûte ?
Vit-on jamais, fous la célefte Voûte,
Plus de débauche, un plus facile ton
Que n'en offrit l'illuftre Frétillon ;
Cette Catin, qui, pour à fond connoître
Le cœur humain, la trempe de fon Être,
Dix ans entiers logée au Pavillon (1),
Aux bons fouteurs fut tour-à-tour fidelle,
Analyfa les Vits des Officiers,
Des Caporaux, enfin des Grenadiers ;
Et qui, delà fe donnant pour Pucelle,
Des Comédiens époufa la fequelle,
Fit la bégueule, avec art déclama,
Rendit heureux le premier qui l'aima ,
Au beau Valbelle (2), attrapé dans fon piège,
Parut cent fois plus blanche que la neige,
Et, pour le fuivre, un beau jour s'éclipfa,

auparavant fameufe par fon penchant pour les
Cafernes & pour le Corps de Garde.

(1) A Metz, où elle exerça long-tems avec
diftinction l'Art de la Foutro-Manie.

(2) Le Comte de ce nom, vit comme un époux
avec la Clairon, devenue enfin femme honnête.

Quand de Calais on termina le Siège (1).
Arnou fut tendre avec tous ses amans,
Se montra douce, & leur fit des enfans.......
Le Chant, la Voix, étendoient leur empire,
Chez les Badauds engendroient le délire,
Lorsque la danse, aux lascifs mouvemens,
Obtint la palme & captiva les sens.
Allart (2) sauta; nouvelle Terpsicore,
Elle apperçut les claquemens éclorre,
Donna l'essor à son œil libertin,
Rendit public son penchant clandestin,
Et, jouissant de l'une à l'autre Aurore,
Avec son Nègre ou le bon Mazarin,
Foutit sans cesse, & sabla de bon Vin.
On l'imita, ce jeu sembla commode;
Tout l'Opéra bientôt en prit la mode,
Eut des Mylords, de jeunes greluchons,
De vieux amans, d'aimables papillons.
Guimart, Pélin, adoptant la méthode

---

(1) On devoit représenter de nouveau cette Tragédie de M. du Belloy, lorsque la Clarion se retira pour toujours du Théatre François.

(2) Célèbre Saltimbanque Femelle, qui a ruiné la santé & la bourse de bien des Foutro-Manes, nommément du Duc de Mazarin.

B 3

De financiers, de manans à dos ronds,
Firent argent de leurs Culs, de leurs Cons,
Mirent fous preſſe une foule imbécille,
Taxant bien cher tous les fots de la ville,
Jaloux d'atteindre à leurs flafques tettons.
On vit foudain les Acteurs, les Actrices,
Se foulager dans d'utiles couliſſes,
D'énormes flots de foutre répandu,
Veſtris (1) prêtant & le Con & le Cul,
Des Vits branlés pendant les intermèdes,
Mille Lédas, autant de Ganymèdes,
Foutans, foutus, contentans leurs defirs,
Entrelacés, fe pâmant de plaifirs.
Bordel Royal, diftingué, cromatique,
Serrail, mouvant aux fons de la mufique,
Vivant le jour d'aſſez loyaux produits,
Faifant valoir l'obfcurité des nuits;
L'Opéra fut une brillante Arène,
Où la Putain produifit fur la fcène,
Tout à la fois, fes talens, fes faveurs,

---

(1) Une des premières danfeufes de l'Opéra de
Paris, connue par fa lubricité, & fur-tout par fa
complaifance à livrer l'endroit & l'envers; une
Italienne perd rarement le goût du terroir.

Livra la guerre aux bourses plus qu'au cœurs,
Et se fit voir également humaine
Pour les payans & pour les bons fouteurs,
Sur le patron de ces braves Déesses,
On vit en peu se mouler les Duchesses,
Prendre leurs airs, leurs Modes, leurs propos,
Se Bastinguer pour de vaillans assauts,
De l'intérêt prêcher la controverse,
Faire à plaisir un ruineux commerce,
Payer leurs gens, pour lasser leurs gros Vits,
Plus longs, plus durs, que ceux de leurs maris.
Ainsi, bientôt, par un accord étrange,
De Cons, de Vits, se fit un doux échange;
Paisiblement, sans tracas, sans regrets,
Le grand Seigneur remit à ses valets
Le soin d'aimer, de foutre son épouse;
Et sa moitié, facile & point jalouse,
Courant gaiement passer en d'autres bras,
A ses laquais déduisit ses appas;
Se défaisant de préjugés frivoles,
Se fit monter par de vigoureux drôles,
A ses vapeurs donnant, pour Esculapes,
Des Vits d'airain, de monstrueux Priapes,
Tandis qu'aux Cons de Putains du bel air,
Son Sieur & Maître, épuisant sa poitrine,

Ufant fon bout, & fa rare origine,
Fut mériter les tourmens de l'enfer.
Cueillir les fruits de la Caco-monade,
Le noir venin qu'inventa Lucifer,
Ne fachant plus, dans fa noire boutade,
Comment pourrir le genre humain malade.
Ce fut ainfi, qu'en dépit du caquet,
Des froids lazis du Public perroquet,
Jettant au loin une enfantine honte,
Voulant jouir, à la hàte, à grand compte,
    La Polignac (1) cafernoit à Pantin,
Douze Bouchers égayoit fon deftin,
Bornant au lit fa carrière lubrique,
Sur l'eftomac s'appliquant pour Topique
De fes Relais, les Vits roides, difpos,
Faifant la chouette à fes douze Héros.
A l'Héroïne, aimables Foutro-Manes,
Offrez des fleurs, treffez-lui des lauriers!
Donnez la chaffe aux Cagots, aux Profanes,
Aux Vits mollets, aux timides guerriers.

---

(1) La Renommée de cette Vicomteffe égala
juftement celle de la femme de l'Empereur Claude,
& la Meffaline Françoife parut même furpaffer la
Fontaine.

Sur son tombeau, d'une voix pathétique,
Chantez en chœur pour immortel Cantique,
De Polignac, des Fouteurs, des Putains ,
Vivent toujours la Gloire & les Destins !

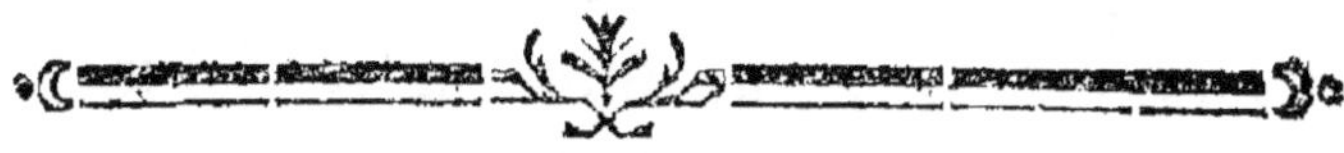

CHANT SECOND.

A Quatorze ans, que les Cons ont de charmes !
Que les tettons naissans offrent d'attraits !
Qu'un Vit est dur dans ses premières armes !
Toujours bandant, ne reculant jamais !
Jeunes Fouteurs, des Fouteuses novices
S'en vont cueillant les divines prémices,
Et, partageant le printems de leurs jours
Entre les jeux, les ris & les amours,
Suivent gaiement les loix de la folie,
Sont assidus à la Foutro-Manie,
La nuit, le jour, affrontent les saisons,
Dans les frimats, sur de tendres gazons,
Entre les bras de joyeuses Victimes
Se font heureux ; seroient-ce là des crimes ?
Les Confesseurs, Gens ennuyeux & sots,
Branlant leurs Vits au récit des assauts,

Des beaux exploits, des modernes Hercules,
Veulent en vain, armés de cent fcrupules,
Les effrayer par les hideux tableaux
D'un chaud enfer, d'un trifte purgatoire,
Les allécher par l'éternelle gloire.
Quiconque fout, fe rit de l'avenir,
Brave les cieux, ne fonge qu'au plaifir.
Un jeune Con, bien placé, fein, agile,
En poils, en foutre, en mouvemens fertile,
De blancs tettons, provoquant le defir,
Perfuadent mieux qu'un vieux Bouc à fandale,
Qui, dans fa niche, attaché par loifir,
Vous fait des Dieux une image infernale,
Les peint cruels, ennemis des Amours,
Des verds Fouteurs épiant tous les tours,
Pour les punir, les plonger dans l'abyme.
Moi, Foutro-Mane, ingambe & peu fublime,
J'aime à penfer, qu'en employant mes jours
A pulluler, je ne fais aucun crime :
Que Jupiter, trop bon, trop magnanime,
Trop affairé, pour compter avec moi,
Sur mon efprit pour règner par l'effroi,
Me faura gré, qu'en ces flafques aimables,
Mon Vit fécond produife mes femblables,
Qu'à coups de Culs je peuple l'univers,

Que je me livre à d'utiles travers.
Dans tous tes sens l'adorable tendreſſe,
Communiquant ſes feux & ſon ivreſſe,
Te fait bander pour un objet charmant,
Le Con au Vit préſente ſon Aimant.....
Naiſſant Fouteur, aux ſéducteurs Atomes
Vas t'accrocher, cours produire des Hommes;
Fidèle au Con, qui forgea ton deſtin,
Vole acquitter ta dette au genre humain,
Fêter le Temple où tu pris origine,
Multiplier l'image de Jupin.
Vois ces beaux yeux, cette bouche enfantine;
Quels doux ſouris ! quels regards, quelles dents!
Un front étroit, une œillade mutine,
Sourcils arqués, cheveux noirs & pendans !
Deux blocs d'albâtre ornant cette poitrine,
Sont ſuſpendus ſur la forêt voiſine,
Qu'un doux ruiſſeau traverſe dans ſon cours;
Bois enchanté où nichent les amours !
L'amorce prend, preſſé par la nature,
Par les attraits d'une heureuſe figure,
Le Foutro-Mane en ſes jeunes ardeurs,
Court immoler à mille appas vainqueurs,
Goûter les biens de l'aimable Luxure,
Plonger ſon Vit dans un boſquet de fleurs.

Son coup d'essai de volupté l'enivre,
D'un vain effroi pour toujours le délivre,
Le fait sur l'heure entrer en paradis,
De Mahomet lui dépeint les Horis,
Et l'initie au vrai bonheur de l'homme.
Son directeur, le Père Chrysostôme (1),
En fait autant ; à couillons rabattus,
Pour Blonde & Brune, en Prêchant les vertus,
Renonce enfin à se branler la pique ,
Envers les Cons braque sa rhétorique,
Sert sa servante en modeste Chrétien ,
Et vous l'engrosse en brave Citoyen.
Après avoir foutu, comme un Apôtre ,
Le drôle va crachant son (2) patenôtre,
Le Vit pendant, célébrer l'Éternel ;
Mais quand il bande, il pense comme un autre.
Thermomètre haut , il agit en mortel.
« Que faites-vous , disoit-il à Fanchon ?

(1) Les Carmes ont toujours éu de la réputation,
& tenu un rang distingué dans la Foutro-Manie.

(2) Machiavel dit, dans son Traité du Prince,
que les États ne se gouvernent pas le Chapelet à
la main : le P. Chrysostôme prétend de même,
que le monde ne se peuple pas en récitant le
Bréviaire.

« A

« A vous gratter, vous usez votre adresse,
« Vos doigts, le Tems, vous servez le démon ;
« Foutre à grands coups, soulage la tendresse,
« C'est œuvre pie ; un gros Vit dans le Con,
« Fait du plaisir, entretient la sagesse ;
« Voilà le mien, prenez ce saucisson.
Au même instant, le béni Foutro-Mane
Lève les yeux, le Vit & la Soutane,
De sa Culotte exhibe un long engin,
Membre de Moine, exorbitant Boudin,
Un plût à Dieu, d'une grosseur énorme.
Fanchon rougit à l'aspect de la forme ;
A la rougeur succède le desir,
Elle l'empoigne, &, brûlant de plaisir,
Les yeux ardens, l'ame à demi-pâmée,
Dans son pertuis le fourre sans délais ;
Tant il est doux de croire d'être aimée !
Tant les couillons d'un *Pater* ont d'attraits !
Plus insolent, plus glorieux qu'un Doge,
Qu'un Président vêtu de l'épitoge,
Le Moine fout trois coups sans débander,
Et de l'étui le Ribaud ne déloge,
Qu'après avoir fini par inonder,
Le Con foutu d'un déluge de sperme ;
Encor sort-il, aussi roide, aussi ferme,

En déconnant, qu'avant de débrider.
Ah ! parlez-nous de gros Vits de la forte !
Car, fe fervir de froids godemichets,
Ou de prier qu'on décharge à la porté,
C'eft ne goûter que plaifirs imparfaits.
Que je les plains, ces nonains, ces fillettes,
Du célibat victimes incomplettes,
Qui, n'ofant foutre, à la rufe ont recours,
Aux branlemens, pour calmer leurs amours !
Dont la jeuneffe, en préjugés s'exhale,
En faux devoirs, en décence fatale,
En vains foupirs, en funeftes tourmens,
Sans avoir pu fe livrer aux amans !
Sœur Rofalie & fœur Bénédictine,
De gros navets ufent tous les matins,
Faute de Vits, fatiguent leurs vagins
A tour de bras, au retour de Matine,
Du tendre amour fraudent les plus beaux droits,
Féminifant des Anges dans des niches,
Pompant le lait de Priapes poftiches,
Pardeffus tout redoutant les neuf mois.
En vitrier, un jeune Foutro-Mane,
Entreprenant, amoureux, un peu crâne,
Pour Rofalie éprouvant des defirs,
Efcalada, d'une échelle profane,

Les murs sacrés où logeoient ses plaisirs.
Près la Nonain, dans sa courte cellule,
Le jeune Gars s'escrimoit en Hercule,
Depuis trois jours ne quittant point les draps,
De sa Tendron fourbissoit les appas ;
Lorsqu'une Sœur, indiscrète, importune,
Du couple heureux divulgua la fortune,
Troubla la fête, en exigeant sa part.
On se rassemble en la chambre commune,
Et, conseil pris, bénissant le hazard,
Qui dans le Cloître introduisit le drôle,
Chaque Nonain vous le tire à l'écart,
S'en fait gaiement donner à tour de rôle,
Croyant trouver quelque frère Frappart,
Tournant toujours l'aiguille à la Boussole.
Las d'enfourner son vaisseau dans le port,
Le Pélerin, harassé, presque mort,
De ces saints Cons en contentant l'envie,
Dans ses efforts pensa perdre la vie,
Sur un châlis resta perclus, défait,
De l'impuissance essuya tout l'effet,
Et ne sortit des bras de ces Sirènes,
Que n'ayant plus de foutre dans les veines.
Le Ciel nous garde, en son triste courroux,
De l'appétit de ces Cons qui patissent

Des ans entiers, qui fottement languiffent,
Se retranchant les plaifirs les plus doux,
Qui, travaillés de vapeurs hyftériques,
De bâillemens, d'une affreufe langueur,
Dupes, Martyrs, de Carêmes phyfiques,
D'un trop long jeûne ont fouffert la rigueur!
Sur le beau front de la tendre Clarice,
Dans tout fon teint, s'eft gliffé la pâleur;
Un mal fecret, une active jauniffe,
Trahit fes fens, fon befoin, fa douleur.
Dans fes accès, de fon doigt elle s'aide,
Et dépérit fous ce trifte fecours,
Qui la détruit, & flétrit fes beaux jours.
Pour la guérir il n'eft qu'un feul remède ;
Qu'elle choififfe un gros Vit, long & roide,
Et, fe livrant à de réels amours,
Qu'elle partage avec fon Foutro-Mane,
Tous les plaifirs que la célèbre Jeanne,
Pudiquement avec le Grisbourdon,
Dunois, Chandos, le Muletier & l'Ane,
Goûta cent fois, fe démenant du Con.
Car d'Orléans, la Pucelle héroïque
Ne fouffroit pas qu'on foutît en Condom,
Que, lui fourrant un trompeur fauciffon,
On la branlât, pour la rendre lubrique,

Pour l'échauffer, la mettre en pamoison,
Il lui falloit de gros Vits & des Couiiles,
Qui, dans son four avec nerf s'allumant,
D'un foutre aimé laissassent les dépouilles
Pour soulager son Clitoris brûlant.
Avoir recours à de vains artifices,
Au triste *Index*, à de froids branlotteurs,
Aux lèches-cons, aux vils Gamahucheurs;
Ce sont, hélas! passe-tems de Novices,
Plaisirs tronqués, insipides erreurs,
Bizarres goûts, impuissantes ressources,
Des Voluptés qui réveillent les sources,
Sans appaiser de funestes soupirs,
Sans contenter d'impérieux desirs.
Pourquoi vouloir, par la froide imposture,
Par un art faux, remplacer la Nature?
Elle triomphe, elle dicte des loix,
Sur tous les cœurs lève de justes droits:
Du Bougre hideux, du pervers Socratique,
Elle condamne & trompe les efforts,
Voit à regret la Tribade lubrique,
D'un même sexe Amante Anti-physique,
Con contre Con, dans d'étranges efforts,
Se consumer & détruire son corps.
Pauvre plaisir que vont goûter ces femmes,

Bravant les Vits, faifant les efprits-forts,
S'abandonnant à des penchans infames,
Se brandouillant, s'ufant en fots ébats,
D'un Vit factice éprouvant les combats,
Des camps d'amour Transfuges infidelles,
Beautés fans cœur, Ganymèdes femelles,
Qui, tour-à-tour, agentes & plaftrons,
Sans fel, fans nerf, vont fe grattant les Cons,
Se pavanant de leurs actes rebelles,
Contre les Vits, de leurs propres affronts!
Non, ce n'eft point pour ce fatal ufage
Que Prométhée arma le genre humain
De Cons, de Vits, fabriqués de fa main.
Le Créateur veut un utile hommage!
Fourbir les Cons, des Vits eft le deftin.
Le feul emploi, légitime & certain ;
Prêter aux Vits un vafe humble & fertile,
Tel eft des Cons le fort peu difficile.
Ce feul fyftème eft sûr, quoique peu neuf:
Depuis Adam, jufqu'au vieux Duc d'Elbœuf,
On ne foutit qu'en Cons, fans tricherie.
Le ton changea; goûtant la Bougrerie,
On déferta l'inhumaine beauté ;
Au trou du Cul cherchant la volupté,
On fe plongea dans un cloaque obfcène,

Et les Fouteurs, en variant la fcène,
Pour prix amer de l'infidélité,
En *impromptu*, perdirent leur fanté.
Dois-je me plaindre en mon affreufe peine,
Des Culs, des Cons, pompant l'impureté,
Si le Virus a paffé dans ma veine,
D'un poifon lent fi je fuis infecté ?
De la Vérole évitant l'origine,
Les Cons pourris, les dangereux vagins,
Dois-je, en retour, gagner la Cryftalline,
Joindre les maux des fales Africains,
Aux dons cuifans des funeftes Putains ?
Dieu Créateur, Père de toute chofe,
Faut-il au Con, lorfque mon Vit je pofe,
Qu'en tremblottant je dérouille mon coup,
Que je recueille & l'épine & la rofe,
Que mon Vit, hors de la gueule du loup,
Pour fruits cruels d'un plaifir adorable,
Pleure fans fin, & d'un fiel déteftable,
Dans mes *Artus*, voiturant le levain,
Couve les fleurs, dont, au fortir de table,
Jadis Vénus fit préfent à Vulcain ?
Au Con tout neuf, foi-difant prefque Vierge,
D'une beauté que tourmentoit feize ans,
Fier de fon fort, la perle des Amans,

Le jeune Alain court appofer fon cierge.
Bon, fe dit-il, au moins dans ces ébats
Je ne crains point les rifques des combats,
La belle eft jeune, elle doit être sûre, ...,
Entre fes bras, trois fois de la Nature
Il a goûté les plaifirs les plus doux ;
Trois fois fentant chanceler fes genoux,
Il a verfé la liqueur la plus pure,
Du jeune Con arrofé les parois.
De fon bonheur plus épris que cent Rois,
Content, joyeux de fa belle capture,
De fon début dans l'art de la luxure,
D'avoir fêté des appas auffi frais,
Il fe croit franc de tous cuifans effets,
Le Con d'Alain étoit l'unique idole.

Jeune, paillard, libertin, vigoureux,
Au fond du cœur il fe foutoit des Dieux ;
Mais humblement refpectoit la Vérole,
Fuyoit les Cons malades, empeftés,
Se préfervoit des fillettes fufpectes,
N'ayant encor, dans fes jeux médités,
Jamais connu les mifères infectes,
Noirs reliquats des douces voluptés.
Ce fut ici qu'il en fit connoiffance,
Que dans fon fang les malignes vapeurs,

Firent paffer les cuiffons, les douleurs.
De tous fes os, la vérolique effence
Corrompt le fuc, Alain perd les couleurs,
Fait en piffant des grimaces de diable,
Maudit le Con impur, abominable,
Qui, dès feize ans, empoifonne les fleurs,
Et fait aux Vits, verfer de triftes pleurs.

CHANT TROISIÈME.

LES Dieux font bons plus qu'ils ne font terribles;
Aux maux de l'homme ils fe montrent fenfibles,
Et leur foleil d'un rayon bienfaifant,
Chauffe à la fois le jufte & le méchant:
Tout fe balance, & l'aimable Nature,
En tolérant dans le cadavre humain,
Que la Vérole importe fon venin,
Pour la détruire inventa le Mercure.
Remèdes vains contre la maffe impure
D'un fang brûlé, les foibles végétaux
N'en pouvoient plus épurer les canaux.
Il leur falloit un puiffant flogiftique,
Qui balayât l'urètre dans fon cours,

Qui, poursuivant le mal dans ses détours,
Rendît le ton à l'ordre équilibrique,
Au sang glacé redonnât la chaleur,
Et fît fluer la trop épaisse humeur.
Saint Côme vint ; son creuset salutaire,
En un clein d'œil, régénéra la terre,
Fit des corps neufs, répara les humains.
Les Cons, les Vits, désormais rendus sains,
Furent munis d'une vertu nouvelle.
Par les talens de la docte sequelle,
Du froid Virus les progrès assassins,
Sont arrêtés dans leur marche rapide.
Sans nuls soucis, le Fouteur intrépide
Peut à jamais braver tous les Vagins,
Foutre, sans choix, la Duchesse & l'Actrice,
Et mettre au pair la Garce & la Novice.
A-t-il d'un Con, putride & peu discret,
Par le piston pompé les molécules ?
Il se tisanne, avale des pilules,
En peu de jours du Virus c'en est fait ;
Il ne perd rien de sa force première,
Et peut soudain rentrer dans la carrière,
Se disposer à des combats nouveaux,
En bon fouteur reprendre ses traveaux,
De cent toisons hazarder la conquête,

Sans voir flétrir les lauriers fur fa tête.
Dieux! que d'Abbés, Miniftres & Prélats,
Bravant fans peur l'augufte cafferole,
Indépendans du joug de la Vérole,
Grace à Saint Côme, ont moiffonnés d'appas!
Près Mazarin, agréable Prêtreffe
Du Dieu d'Amour, regardez Montazet (1)
Faifant le jeune, & pouffant fon Bidet.
De vingt rivaux, la galante Ducheffe
A pondéré les vœux & le caquet;
Mais, pour l'Eglife ajuftant fon toupet,
A l'Archevêque elle a donné la pomme,
Rit du Prélat, & chérit l'aimable homme,
L'Epicurien fous l'habit preftoler.
La Monteffon fuit ce brillant exemple,
A d'Orléans elle livre fon Temple,
En fait fon Dieu, l'aime de tout fon cœur,
De tous fes fens adore fon vainqueur,
Et n'a pas tort; car il en vaut la peine.
Si l'on en croit le public enfantin,
De leur amour pour refferrer la chaîne,
Ils font unis par un nœud clandeftin.
Pour moi, j'en doute : à quoi bon l'Hyménée,

____

(1) L'Archevêque de Lyon.

Secret ou non , quand on s'aime vraiment ,
Lorſque l'Amour guide la deſtinée
D'un couple heureux, ſans contrat, ſans ſerment?
Vénus Françoiſe, adorable Princeſſe ,
Qui , des plaiſirs chériſſant trop l'ivreſſe ,
Vécûtes peu , pour avoir trop foutu , .
Qui dans l'amour plaçâtes la vertu ,
Belle Bourbon (1), qui , ſemblable à l'Aurore,
Réuniſſez les vœux de l'univers ,
Reſſuſcitez, prenez place en mes Vers.
Vous n'êtes plus, & l'on vous aime encore ,
Dans tout Paris on vante vos travers ,
Votre beauté, vos lubripues caprices,
Les doux préſens, les vertes chaudes-piſſes ,
Qu'en vous foutant, le beau(2), l'Aigle & Melfort
Prirent tous deux, n'en voulant point au ſort ,
D'avoir gagné de légers Bénéfices
Pour poſſéder un ſi rare tréſor.

(1) Louiſe-Henriette de Bourbon Conty, Ducheſſe
d'Orléans, morte en 1759, à l'âge de 33 ans.

(2) Les deux plus jolis hommes du ſiécle , à qui
la Ducheſſe accorda des faveurs, après avoir eu
affaire à un maudit joueur de vielle, qui lui avoit
inféré le Virus en cadence.

Que

Que de beaux ans, depuis vingt, jusqu'à trente !
Tous les instans d'une ferme santé
Sont des tributs dûs à la Volupté.
Loin des tourmens de l'ennuyeuse attente,
Tout est plaisir pour l'Amant & l'Amante.
Les sens charmés font l'ivresse du cœur ;
Nous leur devons le physique bonheur.
Car, les plaisirs, les biens imaginaires,
Sont des zéros, de menteuses chimères.
J'ai beau guinder mon esprit aux Amours,
D'une beauté me peindre les couleurs,
Me la tracer & parfaite & naïve,
Sur ses appas, sur ses charmes secrets,
Faire trotter mon imaginative,
De ses talens m'exagérer les traits,
Que m'en vient-il ? soupirant, en Viédafe,
Pour un phantôme, une Belle en tableau,
Dupe sans fin de ma brillante extase,
Le bec ouvert, je croque le marmot.
Bien fou qui va, d'un Amour Platonique,
De longs soupirs, accueillant les objets,
En Espagnol, se morfondre aux aguets :
Guitare en main, courtiser en musique,
Genoux pliés, contempler des attraits,
Qu'on lui refuse, & qu'il n'aura jamais.

* D

Le fot métier ! pour Vénus elle-même,
Pour la Beauté ceindre du Diadâme,
Point ne voudrois du rôle d'Attentif,
De foupirant, d'Amant contemplatif.
Il m'en fouvient, pendant toute une année,
D'avoir langui pour un tendron charmant,
Qui, fans pitié pour mon cruel tourment,
En fier vainqueur, me tint haut la Dragée,
Jouer de l'œil, écrire des Billets,
Faire l'aveu d'une ardeur réciproque,
Me paroiffoit un deftin équivoque,
Las, ennuyé de former des fouhaits,
Du tendre amour d'attendre les bienfaits,
J'abandonnai ma trop lente Princeffe,
Et fus au Con d'une prompte drôleffe,
Des Cons d'Etat oublier les hauteurs,
Me délaffer d'infipides rigueurs,
Donner de l'air à ma couille brûlante,
Ingurgiter mon Vit dans cette fente,
Dont Jupiter, les Bergers & les Rois,
Sont tous forcés de recevoir des loix.
Voilà le but de tout bon Foutro-Mane,
La pique en l'air, s'acheminer au fait,
Des biens réels fe procurer l'effet.
Du plaifir feul, le vrai bonheur émane :

Le différer, c'eft être fon bourreau ,
C'eft mal ufer de l'âge le plus beau.
Jeune homme , fuis, dans ta courfe fublime,
D'être jamais coupable d'un tel crime.
De tes délais veux-tu bien te guérir ?
Voyage en France, apprends l'art de jouir ;
Vois en amour comme chacun s'efcrime ,
Comme on y fuit les routes du plaifir !
Si l'Opéra, ni les deux Comédies ,
Ne t'offrent rien qui flatte ton defir ,
Tu trouveras mille & mille Uranies ,
A tout mortel accordant des fecours,
Et préfentant de faciles amours.
Veux-tu jouir avec délicateffe ,
A la débauche allier la tendreffe ?
Vole à Marly , le beau jour d'un fallon ;
Tu charmeras quelque brave Ducheffe ;
Femme de Cour, Prêtreffe du bon ton ;
Tu fileras le parfait avec elle
Pendant une heure, & bientôt la dondon
Te livrera fa chaude citadelle.
Mais que ton Vit, pour attaquer la belle ,
Soit bien monté ; car la Dame en fon Con
N'admit jamais que des Vits à la Suiffe ,
De gros calibre, & foutant fans raifon.

D 2

Que l'As la foute, & que Dieu la béniſſe!
Elle fait fi des Priapes de Cour,
Des Vits communs elle ſe bat la cuiſſe,
Ne craint rien tant, après la chaude-piſſe,
Que le contact, ou l'aſpect d'un Vit court.
Sur-tout prends garde, en bricolant la Dame,
De n'aller pas la rater un beau jour.
C'en feroit fait de ton corps, de ton ame;
La gaupe entend qu'on partage ſa flamme,
Que l'on réponde à ſon ardent amour,
Que l'on décharge alors qu'elle ſe pâme,
Que l'on travaille enſemble & tour-à-tour.
Ami, crois-moi, cette vaillante école
Vaut bien autant que les champs d'un Bordel,
Tu peux y ceindre un laurier immortel,
Y mériter, y gagner la Vérole.
Ah! qu'il eſt beau de gâter ſa ſanté,
De ſe pourrir en bonne compagnie,
Mulet ſervant d'une noble Emilie,
De fêtoyer un Con de qualité!
On peut delà, d'une cour légère,
Faire la cour à quelque Financière,
Endoctriner la femme d'un Bourgeois,
D'un gros Banquier, de quelqu'Homme de Loix,
Sur le toupet d'un cocu débonnaire

Accumuler un magafin de bois,
A fa moitié démontrer la manière
De foutre fec, de jouir de fes droits.
Eh! voilà comme il faut paffer la vie,
Faifant fans choix du bien à fon prochain,
De fes voifins careffant la folie,
De la beauté fatisfaifant l'envie,
A fes defirs fe montrant fort humain!
Ainfi foit-il : car braver les caprices
D'un fexe ardent, lui montrer des froideurs,
Lui refufer de longs & lourds fervices,
C'eft encourir de fàcheufes humeurs.
Que faire alors ? où porter fes hommages?
Faut-il, longeant de putrides rivages,
Trahir les gens, affaffiner les Culs,
Malgré l'odeur, fourgonner les Anus?
Cas erronnés ! péchés contre nature !
Coups de Sodome ! excès de la Luxure !
Qui, tôt ou tard, engendrent le Virus,
Et de l'enfer provoquent la brûlure
Sur les deftins des fouteurs, des foutus.
Et puis voyez la chétive figure
Que font ici les Bougres reconnus ;
On les perfiffle, on les fuit, ou les chaffe.
Les plaindra-t-on dans leur jufte difgrace?

D 3

Quand Beaufremont , au scandale des Cons,
D'un Roi puissant méprisant les leçons ,
Ose , à Versailles, en pleine galerie,
Pour un Cent-Suisse, allumant ses tisons ,
Lui proposer un fait de Bougrerie ;
Doit-on gémir s'il manque les cordons,
Si des fouteurs la cohorte chérie
Lui coupe l'herbe & saisit les fleurons ?
Les Cons, en Cour, mènent droit au salut:
C'est du bonheur la sûre sauve-garde.
Fouteur prudent, n'allez pas pour début
Narguer le Con , & , célébrant le Cul ,
Près du *Coccis* travailler la moutarde.
Si quelquefois votre Priape en rut ,
Par goût pervers, par essai, par mégarde ,
Va se nichant dans le four d'un chrétien,
N'en faites pas une triste habitude ,
Bien vîte au Con rentrez par gratitude ;
Quoique Paillard , soyez homme de bien.
Souvenez-vous qu'au vieux tems des Miracles,
Les Cons permis, & les Culs prohibés,
Eurent leur règne en différens spectacles:
Pour les Cons seuls que les Vits exhibés,
De se fourrer dans un réduit fétide,
N'eurent jamais le caprice maudit ,

Et qu'Auguſtin, pénitent inſipide,

D'avoir au Con cent fois poſé ſon Vit,

Dans ſes remords, point ne ſe repentit.

Son ſeul regret fut d'avoir, par mépriſe,

En malotru, perforé la chemiſe

Et le ſecret d'un jeune ſacriſtain.

Or, ſans ce cas, jamais la Mère Égliſe,

Sur le retour, ne l'eût déclaré ſaint.

Ce fut ainſi, qu'autrefois Madeleine,

En bien aimant, mit fin à ſes douleurs.

La pauvre Garce étoit vraiment en peine,

Cheveux épars, ne verſoit que des pleurs,

Dans tout ſon corps ſouffroit de la Vérole,

Un regard doux, un mot vous la conſole,

Lui fait ſoudain oublier ſes malheurs,

Vous la guérit, & lui ſert de caſſerole:

Son cœur épris ſent d'étranges ardeurs,

Pour l'homme-Dieu (1) la Drôleſſe ſoupire,

-----

(1) Mon confrère Voltaire & mon Maitre, comme celui de bien d'autres, a fort élégamment dit dans la PUCELLE, en parlant des amours du St Eſprit avec la Vierge.

   Joſeph, Panthère & la brune Marie,
   En badinant, firent cette œuvre pie;
   A ſon Mari la Belle dit adieu,
   Puis accoucha d'un bâtard qui fut Dieu.

Et déſormais l'impudente n'aſpire
Qu'au Vit Divin qui cauſe ſes chaleurs.
Vous m'entendez, aimables Foutro-Manes,
L'exemple eſt ſûr ; on n'en peut de meilleurs!
C'eſt par l'amour que l'on cueille les fleurs,
Point de ces fleurs albâtres & profanes,
Qui font patir, réduiſent aux tiſanes,
Et dans les ſens inſèrent les langueurs ;
Mais les plaiſirs des cieux & de la terre.
Car les regrets ne font que vrais bourreaux ;
Aux ſots vivans ils creuſent des tombeaux,
Du vain ſcrupule étendent l'hémiſphère,
Livrent au cœur une éternelle guerre,
Doublant toujours la maſſe de nos maux.
Cent fois heureux! ces mortels ſans richeſſe,
Qui, dégagés de toute ambition,
Courent goûter ſans feinte la tendreſſe,
Dont le deſir ne ſe bute qu'au Con !
C'eſt le vrai bien, c'eſt l'unique ſageſſe,
De ſavoir fuir d'inſipides tréſors,
Inanimés, ſuivis de la triſteſſe,
De ſe livrer à d'aimables tranſports,
De ſavourer les contours d'un beau corps,
En eſſayer les diverſes poſtures,
Et, de Plutus mépriſant les injures,

Se rendre heureux par ses propres efforts !
Tu nous appris, par d'exquises peintures,
Par tes tableaux, immortel Arétin,
Le Vit au Con, à braver le destin,
A célébrer, sous toutes les figures,
D'un joli Con les célestes attraits ;
Tu nous peignis sous d'ingénieux traits
L'aspect divers de toutes les luxures !
Reconnoissant d'aussi tendres bienfaits,
Le genre humain te doit l'Apothéose.
Près de Vénus que ta cendre repose !

A la servir tu consacras tes jours ;
Que tous les Cons & les Vits, de guirlandes
Sur tes Autels déposant les offrandes,
A qui mieux mieux exécutant tes tours,
Dansent entr'eux de chaudes sarabandes,
Et par ton ordre enchaînent les Amours !

CHANT QUATRIÈME.

DE l'Opéra j'ai chanté les Prêtresses,
Les Déités, les Vénus de Paris,
Ces deux objets, dont les Badauds épris

Vont chèrement acheter les tendresses,
Aux plus vils Cons mettant le plus haut prix.
J'ai célébré Mesdames les Duchesses,
De leurs amours les grossiers appétits,
Leurs grands talens, leurs prudentes largesses,
Et de tous tems leur goût pour les gros Vits.
Ami lecteur, il faut changer la scène,
Dans les Bordels transporter mes tréteaux,
Te crayonner les lubriques tableaux
Des bords heureux où serpente la Seine,
Des verds Fouteurs les assidus travaux,
Les doux exploits de plus d'une Sirène,
Qui dans ses bras épuisa maint Ribauds.
Pâris, Carlier, Maquerelles insignes,
Vous, Bokingston, Montigni, d'Héricourt,
Gourdan célèbre, où les gens les plus dignes
Vont déposer le rang, le manteau court,
Et sans contrainte immoler à l'amour,
Vous méritez qu'on vous immortalise.
Des préjugés méprisant la sottise,
Des Inspecteurs bravant les yeux d'Aspic,
Avec ardeur utiles au Public,
Dans vos serrails vous sûtes rassembler
Le Militaire, & la Robe & l'Église,
L'épais Bourgeois, le hautin Financier;

Avec honneur vous fîtes le métier.
C'eſt de notre âge une des ſept Merveilles,
Que ces réduits, où l'on peut, ſans façons,
En un inſtant, ſe procurer des Cons,
Pour peu d'argent, ſans bayer aux Corneilles
Sans ſoupirer, ſans craindre les rigueurs
De ces beautés qui n'en veulent qu'au cœurs!
Las, ennuyé d'avoir perdu mes veilles
A des écrits ingrats & rebutans,
D'avoir ouï rebattre mes oreilles,
De cent propos triſtes, ou médiſans,
Que faire, hélas! en grande compagnie
Entendre encor gronder la calomnie ;
Voir une Prude étendre ſes filets,
Me rabacher les ſentimens parfaits,
Et me conter la ſotte Litanie
Des froids Amours, des plaiſirs du Marais?
Dans les panneaux des paillardes Dévotes,
Bien ſot qui va ſecouer ſes culottes !
Moi, je prétends m'amuſer ſans languir,
Et ſans ennui me livrer au plaiſir.
J'entre à mon aiſe à l'école publique,
Où le talent de foutre eſt en pratique,
Où, ſans prélude, on peut ſoudain jouir,
Trente Putains, de cette République

Forment l'enfemble, & d'un air de gaieté,
D'un ton riant, m'offrent la volupté.
Leur art exquis réveille la nature,
Leurs yeux lafcifs diftillent la luxure,
Leurs mouvemens, leurs difcours, leurs chanfons,
Du tendre Amour font autant de leçons.
Heureux Sultan, promenant mes caprices,
Preffant des mains les tettons & les cuiffes,
Sondant à nud les Dédales d'appas,
Je fais mon choix, fans craindre que la Belle
A mes defirs ne fe montre rebelle,
Qu'elle foit lente, ou froide en fes ébats.
Suis-je bientôt dégoûté de la Blonde ?
Son travail mou produit-il la langueur ?
La Brune accourt, ranime mon ardeur,
A coups de Cul, de foutre elle m'inonde,
Et de mes os foutire la liqueur.
Son poil fourni, fa chair folide & bife,
Dans tous mes fens porte la paillardife,
Après fix coups, m'accufent de froideur.
De forts bouillons, un vin vieux & robufte,
La Poule au Riz, me rendent la vigueur,
Et derechef, dans ce Don prefque jufte,
Le nerf tendu, le port brillant, augufte,
Mon Vit mutin, entre & fout en vainqueur.

Or

Or, à préfent, vantez-moi ces Princeffes,
Dans le Coït affectant les Déeffes,
Prenant des airs, des ébats langoureux,
Et triftement faifant de fots heureux,
Des dignités fuivant le méchanifme,
Aller du Cul leur femble Putanifme ;
C'eft déroger que de foutre à grands coups,
De remuer lorfque l'on eft deffous.
Foih du métier, tandis que je m'épuife,
Si, calinant, par air, ou par bêtife,
Dans nos travaux, une froide beauté,
Fout fans ardeur, comme par charité.
J'aime en amour le train de la Canaille,
Et point les tons des gens de qualité.
Lorfque je fous, il faut qu'un Con travaille,
Qu'il me feconde, & qu'avec volupté,
Pompant les fucs de ma couille fertile,
Dans fon allure il foit lefte & facile.
Car de laffer fes jarrets & fes reins
A dérouiller le Con d'une Robine,
Qui ne demande à Dieu tous les matins,
Que le bonheur de preffer des engins,
Et cependant contrefait l'enfantine,
Quand on la fout à triplé carillon,
C'eft fe plonger dans l'abyme d'un Con

*E

Vous la verriez défendre son tetton,
Comme à quinze ans une jeune Pucelle,
Vous rebutter pour une bagatelle,
Pour un baiser, pour un mot polisson,
En minaudant, trancher de la cruelle.
Mais offrez-lui quelque gros saucisson,
Un Vit de bronze, elle aime ce lardon ;
Elle vous va livrer sa citadelle,
Les deux battans pour vous feront ouverts,
Et vous pourrez sur la froide Aridelle,
Faire expirer vos caprices divers :
A dire vrai, vous aurez à combattre
Tous ses Valets, qui la foutent par quatre,
Et qui depuis environ dix-neuf ans,
Tous les neuf mois lui flanquent des enfans.
Encore, avant de vous ouvrir son gîte,
Son large Con, écoutez l'Hypocrite
Vous raconter ses grands traits de vertu,
Les noms sans fin d'amans mis au rebut,
Qui vainement ont soupiré près d'elle.
A son époux, dans tous les tems fidelle,
C'est pour vous seul qu'elle ose le tromper.
Guettez deux jours la prude tourterelle,
En d'autres bras vous saurez l'attraper.
C'est l'Aumônier, le Cocher, ou le Suisse,

Dont elle exige un fatigant service,
Des coups sans nombre, un lourd emploi du tems
Que, tour-à-tour, elle met sur les dents.
Si, par destin, on doit avec la femme,
Être trompé dans la plus vive flamme,
J'aime encor mieux en courir le hazard
Dans un Bordel, où je compte sur l'Art,
Sur le talent d'une jeune Héroïne,
Qui, m'amusant, & calmant mon desir,
A du moins l'air de goûter du plaisir.
Au sentiment, mon ame libertine
Prétend très-peu, quand je fous la Putain,
Et, de son bord, la lubrique drôlesse
N'ignore pas que mon transport est feint,
Que dans l'essor de ma fausse tendresse,
A décharger vise toute l'adresse.
Aussi, bornant ses souples mouvemens
A procurer du plaisir à mes sens,
Par la vîtesse, en amour décisive,
Dans nos ébats elle se montre active,
Forge cent tours, s'agite du Croupion,
Me fait goûter tous les plaisirs du Con.
Sur mon Coccis appuyant ses deux jambes,
Etroitement sur son sein me pressant,
Tirant parti d'attitudes ingambes,

E 2

Suivant le feu de son tempérament,
A gros bouillons dix fois son foutre coule,
Son œil mourant exprime ses plaisirs.
Ainsi, passant de desirs en desirs,
Dans nos exploits bientôt la nuit s'écoule,
Et le soleil rend à peine le jour,
Qu'outre-passant les colonnes d'Hercule,
Mon Vit monté, de plus belle éjacule,
Prêt à mourir dans le Temple d'Amour.
A mes ardeurs la nature commande,
Dans leur excès elle arrête mes feux,
Mon Arc fléchit, il mollit, je débande,
Un doux sommeil vient me fermer les yeux.
Entre les bras de ma Nymphe pâmée,
Entortillé d'un air voluptueux,
Je goûte en paix les présens de Morphée,
Mon corps refait n'est que plus vigoureux.
Au point du jour la prudente Matrône
Donne ses soins à notre déjeûné,
Et de l'Amour nous ne quittons le trône
Qu'après avoir derechef engaîné.
Dieux ! quels plaisirs ! que la vie est aimable !
Lorsque l'on fout, lorsque l'on tient un Con,
Lorsque du lit on se rend à la table,
Et qu'on y vuide un précieux flacon !

Près du bon vin & de la bonne chère,
Coulez vos jours, Foutro-Manes prudens,
Bacchus, d'Amour est le soutien, le Père,
Son jus divin peut beaucoup sur les sens,
Retracez-vous ces aimables Bacchantes,
Pleines de vin, de luxure & d'ardeurs,
Courant calmer leurs passions brûlantes,
La coupe en main, avec de bons Fouteurs.
Tous les Héros, tous les Dieux de la Fable,
Furent amis du lit & de la table,
Jupin lui-même, avant de prendre un Con,
Court s'enivrer du Nectar d'Ambrosie;
Des Dieux le Maître, à la pauvre Junon,
Gratteroit mal les sources de la vie,
Le ventre à jeun, rateroit sa Guenon.
Dans ses travaux le valeureux Alcide,
L'estomac plein, cent monstres combattit;
Le beau Pâris, Berger foible & timide,
Après soupé, son Hélène ravit,
Au nez des Dieux en Héros la foutit;
Et dans les bras de Vénus exigeante,
Le Vit pendant, Adonis n'expira,
Que pour avoir raté sa pauvre Amante,
Faute d'avoir déjeûné ce jour-là.
De cet affront la Déesse en colère,

E 3

Branlant son Con, sur ses grands Dieux jura
De ne jamais recevoir à Cythère
Aucun Amant trop foible d'estomac.
Dans son dépit elle quitta la Grèce,
Ces lieux flétris, dignes de ses froideurs,
Dans l'Allemagne apportant sa tendresse,
Elle y chercha des Ribauds bons buveurs.
Ah! je vous tiens, Mesdames les Germaines,
De votre amour pour les énormes Vits,
Pour les Fouteurs, je fus témoin jadis.
Point parmi vous n'existe d'inhumaines;
Aux Vits bandans livrant soudain vos Cons,
Vous vous rendez à de bonnes raisons.
Languir n'est pas dans votre caractère :
Vous ignorez l'art fâcheux de déplaire
Par des refus, ennemis des plaisirs,
De consumer le tems en vains soupirs,
Allant au fait, vous voulez qu'on enconne;
Car, patiner est un jeu de niais,
Pour les trembleurs & pour les Vits mollets.
J'aimois à voir une jeune Baronne
A ses Fouteurs, tous nobles & choisis,
Abandonner sa gentille personne,
Et froidement fatiguer tous leurs Vits.
Aux grands honneurs voilà d'excellens titres,

Ce n'est point là dégrader ses quartiers ;
On peut après entrer dans tous Chapitres,
Même en celui des braves Cordeliers,
Et s'y couvrir de superbes lauriers,
Rien de meilleur, pour un gros Vit qui bande ;
Pour un Ribaud, qu'une saine Allemande,
Dans son pertuis, qu'il entre sans frayeur,
Et s'il parvient à la mettre en humeur,
A l'échauffer, à la rendre friande,
La Belle enfin déposant sa hauteur,
Et déployant ses solides attraits,
Lui fournira des plaisirs sans regrets.
Des bords fatals de la chaude Italie,
Des Cons Latins, ne me parlez jamais.
Lieux empestés, séjour de perfidie,
De vos dangers j'éprouvai tous les traits.
Le Vit bandant, la bourse bien garnie,
J'étois venu parcourir vos guérets ;
Sans deux écus, & la couille pourrie,
Je suis sorti de vos adroits filets.
Serrant le Cul, en passant à Florence,
J'avois fraudé les Taxes du Pays ;
Ingrat dans Rome à plus d'une Eminence,
J'avois bravé les Priapes bénis,
Et méprisé la facile assistance

De ces vieux Cons, aux étrangers permis,
Qu'à trois ou quatre on fout par convenance,
Naples restoit (1); ce fut là mon écueil;
J'y fus pincé par un Con de Princesse.
Elle étoit belle, & du premier coup d'œil,
Dans tout mon corps elle porta l'ivresse,
Le feu brûlant, qu'on appelle Tendresse.
Je l'adorois, elle s'en prévalut,
Mit à profit mon extrème foiblesse,
Tira de moi tout ce qu'elle voulut,
Prit mon argent, me donna la Vérole;
Mais d'un tel coin, si complet, si cossu,
Que dans trois mois la vaine casserole
Ne put me rendre un embonpoint perdu.
Mal circoncis par la Pierre infernale,
On eut recours au tranchant Bistouri,
Et, sous les murs de la maison du Pape,
On m'enleva la moitié de mon Vit.
    Ainsi, jadis les funestes Latines,
Sales beautés, infectes libertines,
Aux Africains, aux soldats d'Annibal,
Pour seul Cadeau, donnèrent le gros mal,

(1) Le Proverbe Italien dit: *vede Napoli, poi mori.*

Dont il advint, que le vainqueur de Rome,
Fut hors d'état de combattre en grand homme.
Çà, mes Amis, puisqu'un grand Général
N'en put sortir sans quelque Condilôme,
Sans noir Virus, fuyez l'endroit fatal,
Où la Vérole autrefois prit sa source.
Napolitains, desséchez-moi la bourse ;
Mais, en m'offrant la douce volupté,
N'infectez pas ma robuste santé
De tous les maux que procure Cythère.
Vivent, ma foi, la France, l'Angleterre
Et la Hollande ; aux Bagnaux, aux Bordels,
Aux Muficos, on peut foutre en tonnerre,
Sans y gagner les maux longs & cruels,
Tant redoutés des lubriques Mortels ;
Fatal fléau qui défole la Terre !

CHANT CINQUIÈME.

SI je voulois dépeindre la Vérole,
De ses tourmens tracer un vrai tableau,
Sans traits chargés, fans futile Hyperbole,
De Cupidon déchirant le bandeau,

Jeunes Fouteurs , effrayés du tombeau ,
Des doux plaisirs abandonnant l'Idole ,
On vous verroit renoncer aux Amours ,
Et dans l'ennui couler de tristes jours.
Rassurez-vous : que l'espoir vous console ;
Il est encor d'adorables objets ,
Solides , sains , retenus & discrets ,
Qui , du Virus ignorant les ravages ,
En tous les tems méritent vos hommages.
Adorateurs de leurs divins attraits ,
Courez jouir sur de tendres rivages ,
Du sentiment éprouver les effets ,
Et du retour recueillir les bienfaits.
L'esprit en paix , le corps sain & robuste ,
Le cœur frappé des appas d'un beau buste ,
Qu'il est flatteur de posséder le Con ,
Les charmes neufs d'une jeune Tendron ,
Qu'on a séduite , & qui , loin de sa mère ,
Reçoit d'Amour une leçon première !
Figurez-vous un Conin débutant ,
Livré soudain aux assauts d'un Amant ,
Qui , l'attaquant avec une ardeur mâle ,
D'un coup de Cul s'y loge & le pourfend :
Leurs corps unis , d'une amitié brutale
Chérissent moins les faciles appas ,

Que le bonheur dont Vénus libérale
Comble les cœurs fenfibles , délicats.
Les enivrant d'une tendreffe égale ,
La Volupté s'empare de leurs fens ,
Et les retient dans fes nœuds féduifans.
Jufques aux Cieux le plaifir les tranfporte ;
Ils font heureux , fans art , fans trahifon ;
Dans leurs écarts , s'ils perdent la raifon ,
Vénus les guide , & l'Amour les efcorte.
Pour lé plaifir les cœurs humains font faits :
De cet Aimant, qui peut fuir les effets ?
Voyez des Grands la perfide cohorte
Des jeunes Cons éprouver les attraits ,
Aux Voluptés fans ceffe ouvrir la porte ,
De la beauté paroître les amis ,
Servir l'Amour en efclaves foumis.
Rois , Généraux , Confeillers & Miniftres ,
Jeunes , Vieillards , Philofophes & Cuiftres ,
Sont travaillés par les mêmes defirs ,
D'un même pas tous courent aux plaifirs.
Du tendre Amour le chemin eft rapide ,
Il eft fi doux de lui payer fes droits,
Tout y convie , & l'honneur infipide
Très-rarement décide notre choix.
Quand Montefquieu brocha *l'Efprit des Loix*,

Il habitoit dans le *Temple de Gnide* ;
Et ce penseur, Rousseau le Génevois,
Sophiste habile, étrange Misanthrope,
Dont les travers ont étonné l'Europe,
Contre l'amour en travaillant des doigts,
En le lardant d'une vaine apostrophe,
Pour cent beautés vit lever son Anchois.
L'ardent Auteur des Lettres d'Héloïse,
Des Voluptés ne peut être ennemi ;
Sa plume brûle, on voit la paillardise
Se déceler dans son caustique écrit.
Eh ! qui ne sait, que l'Ecrivain d'Emile,
Pour sa servante éprouva de beaux feux,
Qu'imitateur des foiblesses d'Achille,
Sa Briséïs le rendit amoureux.
Errant tous deux de montagne en montagne,
Traînant partout sa soumise Compagne,
Rousseau prouva, qu'en l'amoureux assaut,
A bien compter, le Sage n'est qu'un sot.
A le combler quand les plaisirs s'empressent,
La raison fuit, les motifs disparoissent,
Et, tout pesé, la Vertu n'est qu'un mot,
Qu'un masque usé dont personne n'est dupe.
De son plaisir chaque mortel s'occupe,
Met tout son art à parer son destin,

A

A se forger un sort doux & certain.
De Marmontel lisez le Bélizaire ,
C'est un modèle , un chef-d'œuvre moral ;
Mais apprenez qu'il aima d'Auberterre ,
Qu'il fut fidèle au tribut animal.
Vive Dorat ! Poëte Foutro-Mane ,
Ses Vers heureux expriment ses désirs ;
Sans afficher une Muse profane ,
Il embellit le règne des plaisirs.
On voit qu'il suit partout son caractère ,
Mettant en vers ce qu'il éprouve en lui ,
Jugeant à froid les foiblesses d'autrui.
Nouvel Ovide , Habitant de Cythère ,
Il peint en Maître & l'Amour & sa Mère.
De sa Zélis , fraîche , sortant du Bain ,
J'aime à toiser la lubrique Ceinture !
Da sa Coris l'admirable peinture
Me fait bander , j'ai le Vit à la main
En la voyant : j'adore la luxure
Qu'un Peintre adroit , d'un pinceau libertin ,
Sait crayonner , en traçant la Nature.
Tous ces Rimeurs , sublimes , ennuyeux ,
Dont les Romans en cinq Actes pompeux ,
Froids canevas de faits invraisemblables ,
Peignent sans sel des Amours pitoyables ,

* F

N'ont aucun droit à me toucher le cœur.
Et que m'importe un Monarque, un Vainqueur,
Encor fumant du sang de ses semblables ,
Qui , tout bouffi , raconte avec froideur
Ses feux glacés , son orgueilleuse ardeur ?
D'un gros Manant je préfère la flamme ;
J'y lis son cœur , j'y démêle son ame ;
Ses sentimens sont d'un sincère aloi ,
Et , quand d'Amour il reconnoît la loi ,
C'est sans détour qu'il souscrit à son Maître :
Il est vraiment tel qu'on le voit paroître ,
N'use jamais d'un langage emprunté ,
Fout avec nerf , aime avec vérité.
De l'intérêt ignorant la puissance ,
Le plaisir seul guide sa jouissance ;
Son Vit heureux ne craint aucun revers ,
Dans son Amante il voit tout l'Univers.
Peuple marchand , intéressé , stupide ,
Froid , monotone , impudemment avide ,
Sots Hollandois , qui , prisant un trésor
Pardessus tout , Victimes de vos veilles ,
Au sentiment refusant les oreilles ,
Ne savez rien , & n'adorez que l'or ,
Courez jouir : votre Printems s'écoule ,
Le plaisir fuit , les maux naissent en foule ,

Servez l'Amour, goûtez-en les appas,
Et prévenez les horreurs du trépas.
Lorsque la Parque, à la marche rapide,
Aura tonnné, que seront vos ducats ?
Traîner par goût une vie insipide,
Sans intervalle entre de longs travaux,
Sans se prescrire un tems pour le repos,
Du Galérien s'est s'imposer la chaîne.
Dame fortune en son cortège traîne
Les noirs soucis, étouffe la gaieté ;
L'Ambition éteint la Volupté.
Triste Plutus, laborieux Avare,
A qui les Biens offrent feuls des appas,
A tes amis, à toi-même barbare,
Que fait ton or relégué dans des facs ?
Veux-tu favoir quel eft le bien suprême ;
Fais des heureux, fois fortuné toi-même,
Cherche un objet qui t'eftime & qui t'aime,
Sois - en épris, fers-toi de tes écus,
Jouis, finon tes biens font furperflus.
Ouvre les mains, fais valoir tes richeffes,
Que tes amis éprouvent tes largeffes ;
D'une Beauté que le fort maltraita,
Fais le trouffeau, fois prodigue, aimes-la.
Je perds le tems à prêcher ma morale

A l'Harpagon qui ne fait qu'entaffer ,
Et point jouir : mais la Parque brutale
Eft à l'affût , & va le ramaffer.
Jeune Héritier du Créfus imbécille ,
Qui s'aftreignit dans un modique afyle
A fe morfondre auprès de fes écus ,
Avec fon Or acquiert des Vertus ;
Vis noblement dans l'heureufe abondance ,
Sois le foutien , l'ami de l'indigence ;
Malgré tes biens , fouviens-toi qu'un Mortel
N'eft diftingué qu'à raifon du mérite.
N'imite pas le fils de Montmartel ,
Le fot Brunoi , ce jeune décrépite ,
Qui de fes biens , par un zèle hypocrite ,
Court enrichir & le Prêtre & l'Autel.
Vouloit-il pas , dans fa fotte boutade ,
Vers les lieux faints porter fes pas dévots ;
Accompagné de cinquante autres fots ,
Exécuter une folle Croifade ,
Et , pour beaux fruits de cette pafquinade ,
En Paleftine aller laiffer fes os ?
Cher Foutro-Mane , en ta veine comique ,
Sois travaillé d'un tout autre defir ;
Lève plutôt un Serrail magnifique ,
Orne , conftruis des Temples au plaifir .

Dans tes Boudoirs galans, faits par les Graces,
Prodigue l'or, accumule les glaces,
Qui, mille fois répétant les objets,
De la Beauté décèlent les attraits.
En des Soupers où Cupidon préside,
Suis bonnement la Nature pour guide ;
Des beaux esprits consulte les discours,
Puis, remets ton destin aux amours.
Vois les Prélats, cette race prudente,
User du tems, éloigner toute attente,
Se réjouir, se forger d'heureux jours,
Et, pour mieux foutre, inventer cent détours.
Veux-tu t'instruire & bien connoître l'Homme ?
Va caculer les Cardinaux dans Rome.
Vois-les servir & les Cons & les Culs ;
Tous font Fouteurs, ou bien ne bandent plus.
Spinola fout la sale Palestrine ;
Albani frappe au vieux trou d'Altiéri ;
Bernis chargé d'esprit & de cuisine,
De Sainte-Croix gratte le Con pourri.
Ultrà-Montain, dans la force du terme,
Bougre avéré, las d'injecter son sperme
Dans des conduits mille fois ramassés,
Disant qu'en Con l'on fout trop à son aise ;
Priape en rut, le Cardinal Borghèse

Cherche des Culs les canaux empeſtés.
Les *Monſignors* , impudente Vermine ,
Dont Rome abonde , ennuyeux Preſtolets ,
Lâches Gîtons , Fouteurs à bas violets ,
De la Vérole & de la Cryſtalline
Font magaſin , avancent , Vit bandant ,
Aux dignités n'arrivent qu'en foutant.
Amis , crois-mois, tout ſe fait par la Couille ,
Ou par le Con ; le Saint-Père haletant ,
Encor par fois quelque vieux coup dérouille ,
En Con , en Cul , ſelon ſon doux penchant.
Le croiroit-on ? l'adorabe Thérèſe
Des Autrichiens laiſſe les plus gros Vits ;
Son Directeur & le Prince de Kaunitz ,
A coups de Cul la faiſant pâmer d'aiſe ,
Dans les plaiſirs égarent ſa raiſon.
Rien de plus juſte ! eſt-on Impératice
Pour ſe conduire en Agnès , en novice ,
Pour en chaumer & ſe branler le Con ?
De Pétersbourg l'aimable Souveraine
Fout à gogo, ſuce ſes Chambellans ,
Ses Favoris ; les charge de préſens
Et de Cordons, pourvu qu'ils ſoient bandans ,
Que dans le lit ils la traitent en Reine.
Partout ailleurs elle ſe montre humaine ,

Douce, clémente, écoutant les raisons,
Pardonnant même aux noires trahisons ;
Mais sur l'article elle est bonne Allemande ;
Point de quartier, elle prétend qu'on bande,
Et qu'on la foute en dépit de la loi.
Foutez-la bien, demain vous serez Roi.
Poniatowski, peu taillé pour le Trône,
A ce jeu-là sut gagner la Couronne.
Roi Foutro-Mane, il néglige sa Cour
Et ses Soldats, ne servant que l'Amour.
Les froids du Nord, les neiges & les glaces,
Aux doux plaisirs prêtent encor des graces,
Des membres sains proscrivent la langueur,
Des Vits mutins renforcent la vigueur.
Brandt, Struenfée, innocentes Victimes,
Qu'à la fureur d'un Peuple audacieux
On immola pour de prétendus crimes,
Pour avoir fait plaisir à deux beaux yeux,
L'eussiez-vous cru, qu'en foutant Caroline
De l'échafaud vous preniez le chemin,
Que du Clergé l'assemblée assassine
Vous lanceroit un Décret inhumain ?
Danois cruel, ignorant & sauvage,
A la vertu croyois-tu rendre hommage,
En égorgeant deux Fouteurs malheureux,

Dont le favoir eût inftruit tes neveux ?
Siècle de Fer , où de l'inconféquence ,
De la fottife on chérit la puiffance !
Tout porte à foutre , attife les defirs ,
Un tendre objet vous invite aux plaifirs ,
Puis il faudra mettre fon Vit en poche ,
D'un Con en rut effuyer la taloche
Sans dire mot , fans répondre à fon choix ,
Du Célibat gardant les dures loix !
Vouloir qu'un cœur foit toujours infenfible ,
C'eft aux Mortels demander l'impoffible !
Que je vous plains , ô Filles de mes Rois !
Qui tous les jours rencontrez des Hercules ,
Et ne pouvez , par des loix ridicules ,
Aux fens émus donner un libre cours ,
Vous engager fous la loi des Amours !
D'un Savetier la facile héritière
Eft plus heureufe , & peut de fes beaux jours
Fixer l'ufage , égayer fa carrière ,
Choifir des Vits , le plus gros , le plus long ,
Sans s'épuifer à fe branler le Con.
Après avoir dans le Concubinage
Tiré parti des amours de paffage ,
Fait maint effais de goûts différens ,
D'un gros Butor elle charme les fens ,

Et le garrotte aux nœuds de l'Hyménée,
Heureux Manans! Canaille fortunée!
Connoissez mieux les biens de votre état,
  Et n'allez plus envier au soldat
La liberté, la pénible victoire.
Libres de soin, d'ennuis & de desirs,
Peu curieux d'une frivole gloire,
De mériter un feuillet dans l'Histoire,
Vos jours obscurs sont tous pour les plaisirs!
Un pareil sort vaut mieux que la richesse,
Que les devoirs qu'exige la noblesse!
Je m'aime mieux Roturier jouissant,
Que triste Roi, que Noble languissant.
Le Con me plaît, il faut que je m'y plonge,
Que je courtise une fraîche beauté,
Dont l'œil mutin, symbole de santé,
Du tendre amour m'offre le doux mensonge,
Ou du retour l'aimable vérité.
Faire un Cornard, endormir une mère,
D'un bel objet appaiser la rigueur,
Ami Fouteur, c'est règner sur la terre,
C'est obtenir le suprême bonheur!
C'est égaler les Maîtres du Tonnerre.

CHANT SIXIÈME.

Vive à jamais l'art sublime & divin,
Qui des mortels prolonge le deſtin,
Leur fait couler des jours purs & tranquilles,
Qui du bonheur rend les ſources fertiles,
Prodigue à l'homme, à force de travaux,
Des biens nombreux, & diſſipe ſes maux!
Divinité, que l'univers implore,
A qui jadis les Grecs dans Epidaure,
A deux genoux demandant la ſanté,
Offroient ſans ceſſe un culte mérité;
Eclaire-moi des feux de ton génie,
Donne à ſes Vers cette douce harmonie
Qui des Lecteurs décide le bon goût,
Qui fait charmer & triompher de tout!
Découvre-nous ta ſage théorie,
De tes tréſors l'immenſité chérie;
De tes ſecours le merveilleux effet,
Et tout le prix de tes puiſſans bienfaits!
Vous, dont le tems conſacre la mémoire,
Qui jouiſſez de la flatteuſe gloire

De soulager la foible humanité,
Par les efforts d'un savoir respecté,
Doctes humains, recevez mon hommage.
Puissent mes vers avoir votre suffrage,
Et conserver aux races à venir
De vos talens le brillant souvenir !
Agirony, Praticien magnanime,
Dont l'Elixir, découverte sublime,
Lave le sang, divise les humeurs,
Dissout les glairs, les plus fortes humeurs,
Hâte le cours de la Lymphe épaisse,
Répare à neuf l'urètre & la vessie,
Aux nerfs usés rend la force & la vie,
Soyez couverts de lauriers immortels !
Tous les Fouteurs vous doivent des Autels !
Jamais Kesser, à force de Dragées,
N'a du Virus pu chasser le levain ;
Le mal suivit, les humeurs enflammées
Dans tout le sang voiturent le levain ;
En vain Danran, farfouillant un Engin,
Vient follement y fourrer ses bougies !
Le feu s'accroît, les fibres affoiblies
Trompent l'effet d'un remède incertain.
Du corps humain altérant la structure,
Le Sublimé, le dangereux Mercure,

Sont des poisons, autant que des secours,
Rendent les Vits ineptes aux amours,
Et des Fouteurs abrègent les beaux jours.
Les Minéraux corrompent la Nature,
Forçant le jeu des Glandes salivaires,
S'insinuant par d'étranges sueurs,
Ils font bientôt de jeunes Poitrinaires,
Des estomacs sont les sûrs destructeurs,
En peu d'instans dérangent l'existence,
Dès la Jeunesse enfantent l'impuissance.
Lorsque l'Amour dans vos brûlans canaux
Aura filtré le plus cuisant des maux,
Dans votre sang glissé ses eaux profanes,
Fuyez sur-tout, prévoyans Foutro-Manes,
Des frictions l'emploi pernicieux.
Vous pourriez perdre, ou les dents, ou les yeux,
Dans les douleurs traîner des jours affreux,
Et, par les fruits d'une Vérole atroce,
Périr, sans soins, dans un trépas précoce.
Maudit Colomb, tes voyages cruels,
Tes grands exploits dans la sale Amérique,
Pour tous présens, à des heureux mortels,
Ont procuré la cause vérolique,
Leur en laissant des gages éternels !
Fatal écueil pour un Vit intrépide !

Croyant entrer dans un Con propre & sain,
Il se fourvoie en un Vagin putride,
Qui le sálit & lui pourrit l'Engin.
L'urètre cuit, le Priape se dreffe,
Piffe sans fin, éjacule sans cesse,
Chancres, Porreaux, naissent en un moment,
Et le Prépuce, aftreint autour du Gland,
Ne permet plus que le Vit décalotte.
Fût-on alors savant comme Hérodote,
Ou de Fréron eût-on le court esprit,
On eft bien fot quand on souffre du Vit,
Lorfque, forcé de répandre des larmes,
Des Cons pourris on détefte les charmes!
De ce Vieillard les muscles ralentis,
A force d'art, réparés, rajeunis;
En fourbiffant la divine Montrofe,
Croyoient cueillir une charmante Rofe,
Et favourer les biens du Paradis.....
Pour fruits fâcheux de son Apothéofe,
Son Vit gonflé patit d'une Exoftofe,
Et va tomber fous d'affreux Biftouris.
Nouvel Efon, abhorrant l'impuiffance,
Cherchant partout la fource de Jouvence,
Du Styx infect, il ne trouve que l'eau,
Et tous les Cons le hâtent au tombeau,

* G

L'Adolefcent de breuvages perfides
Faifant ufage, épuife fa vigueur,
Ne bande plus que par les Cantarides,
Et dès vingt ans éprouve la langueur.
Jettez les yeux fur ces Beautés flétries,
Qui, du plaifir Victimes avilies,
De leur vifage, à force de carmin,
De bleu, de verd, on abyme le teint.
Pour réparer des débauches l'injure,
L'Art les fert mal, il rend mal la Nature.
Peut-on chérir de factices attraits,
Sentir du goût pour des appas défaits,
S'amouracher d'une trifte peinture,
Qui pour charmer emprunte de faux traits?
Les yeux cernés, la figure livide,
Il convient peu d'être paillarde, avide;
Lorfque l'on n'a que des charmes ternis,
D'ofer prétendre à de robuftes Vits.
A fon fouper une femme m'invite,
Me femble jeune, abondante en tettons;
Je crois tenir le Phénix des Tendrons.
Jufques au lit l'art foutient fon mérite,
Mais en foutant je reconnois l'erreur;
D'entre fes bras je fors avec fureur,
Et, foudroyant fa face décrépite,

Je ne la vois que comme objet d'horreur.
Tristes exploits, où les Femmes brutales,
En agrémens, en jeunesse, inégales,
Des Vits bandans surprennent la faveur,
Et des Ribauds escroquent la vigueur !
Le fait est doux, quand l'amour réciproque
Dans le Coït lève toute équivoque ;
Lorsqu'un Foureur, dispos, nerveux, ardent,
Attaque un Con, alerte, intéressant,
Un Con nouveau, sous gentille figure,
En appétit, écumant de luxure.
Dans cet assaut, les coups portent à plomb ;
Le Vit chatouille & les bords & le fond.
Du Clitoris les deux brûlans ovaires
Sont irrités par cent doux frottemens ;
Et des Pubis les combats débonnaires
A la décharge excitent tous les sens.
Le Con, pressé par son ardeur natale,
Prête collet aux muscles érecteurs,
Pompe les sucs, la liqueur féminale,
Et fait au Vit verser de tendres pleurs.
N'avez-vous pas, au milieu des campagnes,
Vu, par hazard, quelque jeune Margot,
Jeune, bien faite, aimant quelque Pierrot,
Fuir prudemment ses jalouses compagnes,

Se retirer à l'ombre d'un ormeau,
A son galant prêter un brillant groupe,
Et, la portant sur le ventre, la croupe,
En recevoir plus d'un robuste assaut,
Comme ils y vont de l'Avant, de l'Arrière!
Quel doux liant dans leur souple charnière!
Rien qu'à les voir, on bande de plaisir;
Vit en arrêt, on sent même desir;
Et, ne pouvant ravir au Rustre habile
Son frais gibier, sa Paysanne agile,
Le corps en rut, pour calmer son esprit,
En leur honneur, on se branle le Vit.
Combien de fois, en voyant une Anesse
De son Baudet essuyer la caresse,
Mouvoir le Cul, seconder son sauteur,
Ai-je en mon coin secoué mon Docteur.
Quand je vois foutre, il faut que mon Vit dresse;
Pour un Ribaud l'exemple est tentateur.
Comme j'aimois, dans ma verte jeunesse!
Pas un seul Con ne m'étoit défendu;
Quoiqu'étranger, j'étois bientôt connu:
Toute Beauté chatouilloit ma tendresse,
Je lui contois mon amour éperdu,
Avec ardeur la titrant de maîtresse,
Je lui prouvois mes feux à coups de Cul.

On me croyoit, ou l'on faisoit tout comme;
J'étois tenu pour un fort aimable Homme,
Et plus d'un Con de haute qualité
Brigua l'honneur d'affoiblir ma santé.
On y parvint; à force d'être utile,
Mon Vit baissa, je cessai d'être agile,
Et de dix coups que je foutois par nuit,
A deux ou trois mon Priape est réduit.
Encor, faut-il que ma facile Amante,
Pour mes lenteurs commode & complaisante,
Ne perde pas l'instant de mon ardeur.
Le tems varie; à la flamme brûlante
Des jeunes ans, succède la froideur;
Et je bénis la Nature prudente
D'éterniser le plaisir dans mon cœur,
De m'accorder un Automne tranquille,
Bon appétit & paisible sommeil.
Au genre humain désormais inutile
Pour le peupler, je lui dois le conseil.
Dans tous les cas de la Foutro-Manie,
Je veux sans cesse exercer mon génie,
Aux débutans inculquant des leçons,
Et travailler à la gloire des Cons.
Il faut à tems savoir faire retraite,
Se réformer sans tambour ni trompette,

Quitter les Cons avant d'en être Honni,
Et dans l'Hiver faire un fort à son Vit,
Aussi, choyant ma sage Gouvernante,
Et lui donnant un pouvoir circonscrit,
Je l'ai choisi pour faine confidente.
Elle me sert du poignet, au besoin,
Même du Con, sans exiger grand soin;
Et, pardonnant à ma Couille indiscrette,
Elle m'amène encor quelque fillette,
Qu'avec plaisir je fous, par indivis,
A tour de rôle, avec quelque Commis,
Qui, prétendant en faire son épouse,
La guette à l'œil, & ne se doutant pas
Qu'au grand mépris de son humeur jalouse,
De sa future on flétrit les appas.
Aux Cons de Cour, ces Cons-là font la nique,
Foutent de bon, sans tons, sans politique,
Connoissent peu les complimens usés,
Et n'offrent pas des attraits épuisés.
Des cheveux noirs, & point de contrebande,
Trente-trois dents, une bouche friande,
Un sein d'albâtre, admirable en contours,
Aimant vainqueur, le tombeau des Amours,
Quel Temple heureux pour porter son offrande!
En y pensant, en le traçant, je bande,

Tous mes defirs m'en font fuivre les loix ;
Ami lecteur, j'y cours pofer l'Anchois.....
Ciel ! d'où reviens-je ? en ma brûlante flamme,
Mes fens pâmés ont égaré mon ame !
Dieux ! que d'amour exifte dans mon cœur !
De mes beaux ans que n'ai-je la vigueur !
Dans fon pertuis paffant des nuits entières,
J'y braverois les Parques meurtrières,
Et fur fon Con faifant peu cas du fort,
J'y trouverois & la Vie & la Mort.
Fandra-t-il donc, pour inique Protafe,
Le Vit mollet, expirer en Viédafe,
Près de fon lit, avoir un radoteur,
Et regretter d'avoir été Fouteur ?
Parce qu'Adam, dévorant quelques Pommes,
Du Serpent fut la dupe & le dindon,
Fatal deftin, tu prétends que les hommes
En vieilliffant, ne puiffent plus du Con
Faire à leur gré le légitime ufage ?
Contes de vieille, infenfé bavardage,
Qui des Fouteurs, inftruits & du bon ton,
Ne fauront pas ralentir le beau zèle !
Au Créateur tout l'univers fidèle,
Croiroit en vain le braver en foutant ;
C'eft l'honorer ; tout Mortel, en naiffant,

Du premier cri rend hommage à son Maître,
A l'Éternel, au Dieu qui le fit naître,
Qui le soutient, lui permet de lever
Son front vers lui, de foutre, d'adorer.
Moi, quand je fous, dans ma reconnoissance,
Je bénis fort la céleste Puissance,
Qui, me forgeant tout exprès pour le Con,
De cent Beautés me créa l'Étalon ;
En les servant, je suis ma destinée :
Et ces Docteurs, dont la voix surannée
Fronde des Vits les utiles exploits,
Sont cependant sujets aux mêmes loix.
Le doux plaisir les séduit & les touche ;
Epris, friands de baisers sur la bouche,
Ils vont cueillant la Rose des Amours,
Et finement se tressent d'heureux jours.
Sans hésiter, sans scrupule, sans doute,
Il est de loi, que chaque Mortel foute,
Qu'il soit exact à peupler l'Univers.

Pluton, Minos, foutent, dans les Enfers,
Alternando se passent Proserpine,
Bravent de loin la colère Jupine,
Et, de la Couille éprouvant les plaisirs,
Donnent l'essor aux lubriques desirs.
Le Moine fout ; le Paysan, l'Augure,

Egalement satisfont la Nature,
Aiment la chair, brûlent dans le Harnois,
Courent aux Cons, en chérissent les loix.
C'est très-bien fait ; *tout est bien sur la Terre* :
Le champ produit, la Lymphe désaltère,
Le Fruit me flatte & le Pain me nourrit,
L'Air me ranime, un Con me divertit,
A tout mon être est un point nécessaire,
Et dans ses tours fait plaisir à mon Vit.
D'après cela, Foutro-Manes agiles,
Vivez contens, robustes & tranquilles ;
Le Ciel vient-il, dans vos heureux ébats,
A se dissoudre, à tomber par éclats,
Bravez la Foudre en d'aimables asyles,
Dans les Bordels Foutez jusqu'au Trépas !

QUATRAIN
DU COMTE DE GUICHE
A M. D'OLONNE.

Comte, jaloux de la Comtesse,
Crois-moi, ne me reproche rien,
Mon sort est moins doux que le tien;
Je ne fous que ta Femme, & tu fous ma
Maîtresse.

LA COMTESSE D'OLONNE.

COMÉDIE

DE M. DE BUSSI RABUTIN.

ACTEURS ET ACTRICES
de la Pièce.

ARGÉNIE, *la Comtesse d'Olonne.*

BIGDORE, *le Comte de Guiche.*

GÉLONIDE, *la Comtesse de Fiesque.*

L'ABBÉ, *l'Abbé de Roye.*

MARCELIN, *Marsillac.*

LIZE, *femme-de-chambre de la Comtesse d'Olonne.*

CASTELLOR, *le Duc de Castres.*

MANICAMP, *le Giton du Comte de Guiche.*

GANDALIN, *le Duc de Candale, & autres.*

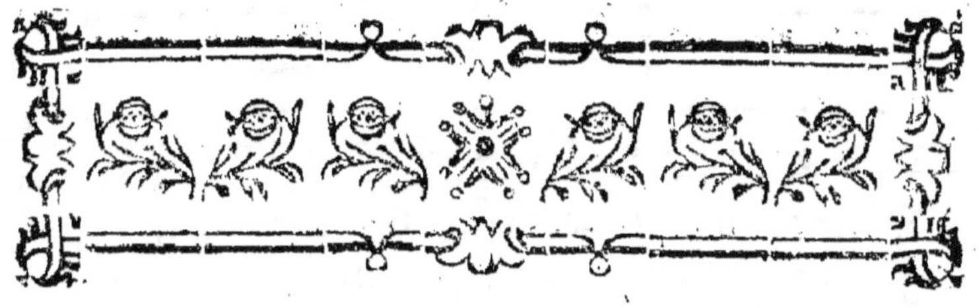

LA COMTESSE D'OLONNE, COMÉDIE.

Le théatre repréfente, à l'ouverture de la Pièce, la Comteffe d'Olonne couchée fur un lit de repos, fa femme-de-chambre affife dans un fauteuil à côté de fon oreiller. La Comteffe s'éveille en furfaut, épouvantée d'un rêve qu'elle vient de faire, & dit fous le nom d'Argénie.

SCÈNE PREMIÈRE.

ARGÉNIE & LIZE.

ARGÉNIE, *croyant voir l'ombre du Duc de Candale, fon premier amant.*

Fantome impérieux, qui viens mal-à-propos
Condamner mes plaifirs & troubler mon repos,

* H

Va, reporte aux enfers ta noire jalousie,
Et ne te mêle plus de censurer ma vie.
Chargé de tant d'horreurs, de quoi t'avise-tu
De revenir ici me prôner la vertu ?
Ne te souvient-il plus que je suis une femme,
De qui le Con brûlant sent la plus vive flamme,
Et que de ton vivant, loin de me soulager,
Cruel, tu débandois à me faire enrager ?
Non, je ne te crains plus, tes menaces sont
          vaines,
Par ton heureux trépas la mort brisa mes
          chaînes :
Depuis ce doux moment, prodiguant mes
          faveurs,
J'ai dans mes intérêts réuni tous les cœurs ;
Il faut foutre ou mourir.

                    LIZE.

                    Il faut mourir ou foutre !
Est-ce donc la colère, ou l'amour qui vous
          outre,
Madame, qu'avez-vous ?
                    ARGÉNIE.

                    Ah ! Lize, quel réveil !
Et que n'ai-je point vu dans mon triste sommeil !
Au sortir du repas, me trouvant assoupie,

Sur ce lit de repos je me suis endormie ;
Lorsque me remplissant & d'horreur & d'effroi,
Le jaloux Gandalin a paru devant moi.
Infame, m'a-t-il dit, d'une voix effroyable,
Je viens te reprocher ta vie abominable ;
Ingrate, as-tu sitôt perdu le souvenir
De l'estime où mon feu pouvoit te maintenir ?
Dans le nombre des morts je n'étois pas encore,
Quand tu m'associas Marcelin & Bigdore,
Crisante, Castellor, l'Avènturier, l'Abbé ;
Le reste ne vaut pas l'honneur d'être nommé.
Que tu m'as fait souffrir ! mais mon plus grand
     supplice,
Fut de voir quels Amans étoient à ton service,
Que sans discrétion & sans cacher ton feu,
Tu fis de plus en plus à tous venans beau jeu.
Va, ton abaissement fait honte à ma mémoire,
Ma passion à part, il y va de ma gloire.
Les Dieux pour t'accabler de malheurs infinis,
Vont t'élargir le Con & raccourcir les Vits ;
Les plus jeunes fouteurs auront mille foiblesses,
Toujours à contre-tems tu lèveras les fesses,
Et tes Amans contraints par une dure loi,
Au milieu du Coït s'endormiront sur toi.
Pour un gueux impuissant l'amour te rendra folle,

Tes moindres maux feront chaude-piſſe ou
      vérole ;
Enfin, Bougreſſe, enfin pour avoir trop foutu,
Un chancre confondra ton Con avec ton Cul.
L'ombre à peine eut fini ces mots épouvantables,
Qu'il diſparut.

LIZE.

O Ciel ; quels malheurs effroyables
Menacent vos beaux jours ! & quel affreux
      tableau !
N'appréhendez-vous pas de tomber en lam-
      beaux ?

ARGÉNIE.

On ne peut de frayeur être plus agitée.

LIZE.

Vous êtes dans l'Amour auſſi trop emportée.
Madame, Gandalin peut bien vous gourmander
Pour vous foutre, ne faut que vous le demander.

ARGÉNIE.

Que veux-tu, ma Lizon, je n'ai que cette
      envie,
Et c'eſt le plus grand bien qu'on goûte dans la
      vie.

LIZE.

Je lis dans votre cœur, je connois votre goût,

Il n'eſt aucun plaiſir pour vous, ſi l'on ne f.....
Abandonnez-vous donc à votre humeur lu-
    brique,
Et mêlant l'Étranger avec le Domeſtique,
Le Prince, le Bourgeois & les premiers venus,
Foutez, foutez, Madame, à Couillons rabattus,

SCÈNE II.

La Comteſſe d'Olonne devient amoureuſe
du Comte de Guiche, & conſulte la
Comteſſe de Fieſque.

ARGÉNIE & GÉLONIDE.
ARGÉNIE.

Vous ne croiriez jamais, aimable Gélonide,
Que pour prendre un Amant je fuſſe encor
    timide ;
Cependant je balance à recevoir le cœur
D'un garçon de vingt ans, d'un aimable
   vainqueur,
Qui me dit chaque jour qu'il m'aime & qu'il
   m'adore ;

H 3

Vous le connoiſſez bien , c'eſt le charmant
    Bigdore ,
Qui véritablement en reſſentant vos coups ,
N'a pas eu de ſujet de ſe plaindre de vous.
Le croyez-vous mon fait , eſt-il homme ſolide ?
Vous m'entendez fort bien , ma chère Gélo-
    nide.

GÉLONIDE.

Madame , à tout ceci , d'honneur je n'entends
    rien.

ARGÉNIE.

Je parlerai plus clair, ce garçon fout-il bien ?

GÉLONIDE.

Que dites-vous , Madame ? ah , l'horrible lan-
    gage !

ARGÉNIE.

Ne le parlez-vous plus depuis votre veuvage ?

GÉLONIDE.

Moi , je dis , tout au plus , des mots à double
    ſens.

ARGÉNIE.

Comment nommez-vous donc un Vit , en mots
    décens ?

GÉLONIDE.

Si je nommois cela , je dirois une Pine.

ARGÉNIE.

Ayant le Vit au Con, vous m'avez bien la mine
De l'y laisser plutôt jusqu'à demain matin,
Que d'ofer, pour l'ôter, le toucher de la main.
Mais quittons ce propos, chacun fout à fa guife,
Banniffons les façons, parlons avec franchife;
Que me confeillez-vous fur ce nouveau Fouteur?

GÉLONIDE.

On ne prend là-deffus avis que de fon cœur :

Pour moi , j'ai cru le mien, croyez-en donc le
    vôtre ,

Il vous confeillera beaucoup mieux que tout
    autre.

ARGENIE.

Le mien fur ce Fouteur ne me dit rien de bon ,
Et mille gens m'ont dit qu'il n'aimoit pas le
    Con :

Au contraire , on m'a dit qu'il eft de la Man-
    chette ;

Et que faifant femblant de le mettre en le-
    vrette ,

Le drôle en vous parlant toujours du grand
    chemin ,

Comme s'il fe trompoit, enfiloit le voifin
'ar inclination ; c'eft un Branleur de Pique,

GÉLONIDE.

Et qui cherche le Con par pure politique.

ARGENIE.

Que dites-vous, Madame, & comment parlez-
vous ?

GÉLONIDE.

On apprend à hurler au bois avec les Loups.

ARGENIE.

Je fuis de votre avis, Madame, je l'approuve;
Mais je fuis la Brebis pour foutre, & vous la
Louve.

SCÈNE III.

*La Comteſſe d'Olonne , amoureuſe du
Comte de Guiche, l'appelle.*
Parodie du Cid.

ARGENIE & BIGDORE.

ARGENIE.

A moi, Comte, deux mots.

BIGDORE.

Parle.

ARGENIE.

Ote-moi d'un doute;

Connois-tu bien le Con ?

B I G D O R E.
Oui.

A R G E N I E.
Parlons bas , écoute :
Sais-tu bien qu'il vaut mieux mille fois que le
Cul ?
Qu'en tous lieux on t'appelle un Bougre , le
fais-tu ?

B I G D O R E.
Tels difcours font tenus par Dames méprifées.

A R G E N I E.
Non , non , nous favons bien tes hiftoires
paffées.

B I G D O R E.
A quatre pas d'ici je t'en éclaircirai.

A R G E N I E.
Jeune préfomptueux.

B I G D O R E.
Je fuis jeune , il eft vrai ,
A peine ai-je vingt ans ; mais aux Couilles
bien nées ,
La valeur n'attend pas le nombre des années.

A R G E N I E.
De t'attaquer à moi , qui t'ai rendu fi vain ,

Toi qu'on ne vit jamais le vit roide à la main?

BIGDORE.

Je n'ai , jufqu'à préfent , jamais trompé de
    Belles ,

Et ton Con , fi tu veux , en faura des nou-
    velles.

ARGENIE.

Sais-tu bien qui je fuis ?

BIGDORE.

           Oui , tout autre que moi ,

Au feul bruit de ton nom , pourroit trembler
    d'effroi :

Mille & mille Fouteurs , crevés à ton fervice ,

Semblent me préfager un femblable fupplice.

J'attaque en téméraire un Con toujours vain-
    queur ;

Mais j'aurai trop de force , ayant affez de cœur ;

A qui fout Argénie , il n'eft rien d'impoffible ,

Ton Con eft invaincu , mais non pas invin-
    cible.

ARGENIE.

La grandeur qui paroît aux difcours que tu
    tiens ,

Par tes yeux chaque jour fe découvroit aux
    miens ,

Et croyant voir en toi l'honneur de la jeuneſſe,
Mon cœur te deſtinoit en ſecret ſa tendreſſe ;
Il eſt vrai que le bruit de ton peu de vigueur
Avoit, non ſans raiſon, ralenti mon ardeur ;
Mais puiſqu'il eſt certain, & qu'enfin tu m'aſ-
      ſure,
Que tout ce qu'on a dit eſt autant d'impoſture,
Je viens t'offrir mon Con, m'abandonner à toi,
Et me faire un plaiſir de recevoir ta foi.

SCÈNE IV.

Le Comte de Guiche en veut jouir, il ſe trouve impuiſſant, & veut s'excuſer, en diſant :

BIGDORE.

Madame, pardonnez à ce triſte accident,
Il vient de trop d'amour.

ARGENIE.

          Ah ! ne m'aimez pas tant
Si votre trop d'amour cauſe votre impuiſ-
      ſance,
Honorez-moi, Seigneur, de votre indiffé-
      rence ;

Mais puisque le destin vous a fait pour les
    Culs ,
Pourquoi Diable songer à faire des cocus ?
Apprenez , apprenez enfin à vous connoître ;
Sortez , ou je vous fais jetter par la fenêtre.

SCÈNE V.

Le Comte de Guiche , après avoir ra-
conté son aventure à Manicam , son
Giton , il lui dit :

BIGDORE.

Saisi du plus juste dépit ,
Je voulois me couper le Vit ;
Ma résolution fut vaine ;
Le cruel auteur de ma peine ,
Que la peur avoit tout glacé ,
Tout malotru , tout replissé ,
Etoit allé chercher son centre ,
Et s'étoit sauvé dans mon ventre.
Ne pouvant donc rien faire à ce bougre de Vit,
Voilà ce qu'à-peu-près ma colère lui dit :
Toi qui fais le vaillant quand tu ne vois per-
    sonne ,

Et

Et fur la foi duquel eft fou qui s'abandonne,
Infame traître, à qui je peux donner le nom
D'une partie honteufe, avec jufte raifon,
Toi, qui ne pris jamais les gens que parder-
        rière,

Et par qui je reffemble au Maréchal mon père,
Dis-moi pourquoi la peur t'a fi fort raccourci,
Que t'ai-je fait, ingrat, pour me traiter ainfi?
Mais le lâche, l'œil morne & la tête baiffée,
Sembloit fe conformer à ma trifte penfée,
C'étoit du tems perdu que lui rien reprocher,
Il étoit à ma voix auffi fourd qu'un rocher.

SCÈNE VI.

Le Comte de Guiche retourne à la Com-
teffe d'Olonne, & s'en acquitte à fon
honneur, & lui dit:

ARGENIE.

JE reconnois, Seigneur, que j'étois dans
        l'abus ;
Or, qu'aimez-vous le mieux, ou des Cons ou
        des Culs ?

E

A présent vous avez de tous deux connoissance.
BIGDORE.
Je fais des Cons aux Culs beaucoup de diffé-
    rence ,
Et si , jusqu'à présent , j'ai mieux aimé les
    Culs ,
Reine , c'est que les Cons ne m'étoient pas
    connus.
Si faut-il convenir qu'on n'en peut voir un
    autre
Plus haut , ni plus brûlant , plus charmant
    que le vôtre ,
N'est-il pas vrai , mon cœur ?
ARGENIE.
                Je crois , sans vanité ,
Qu'il n'en est pas beaucoup de cette qualité ;
Les enfans n'en ont pas fort ouvert le passage ,
Et tout le monde y trouve un air de puce-
    lage.

ODE
A PRIAPE,

Par M. Piron.

Foutre des neuf Graces du Pinde,
Foutre de l'Amant de Daphné,
Dont le flasque Vit ne se guinde
Qu'à force d'être patiné.
C'est toi que j'invoque à mon aide,
Toi qui dans les Cons d'un Vit roide
Lance le Foutre à gros bouillons ;
Priape, soutiens mon haleine,
Et pour un moment dans ma veine
Porte le feu de tes Couillons.

Que tout bande, que tout s'embrase,
Accourez Putains & Ribauds.
Que vois-je ! où suis-je ! ô douce extase !
Les Cieux n'ont point d'objets si beaux :

I 2

Des Couilles en blocs arrondies,
Des cuisses fermes & bondies,
Des bataillons de Vits bandés,
Des Culs ronds sans poil & sans crottes,
Des Cons, des Tettons & des Mottes,
D'un torrent de Foutre inondés.

Restez, adorables images,
Restez à jamais sous mes yeux ;
Soyez l'objet de mes hommages,
Mes Législateurs & mes Dieux.
Qu'à Priape on élève un Temple,
Où jour & nuit l'on vous contemple,
Aux gré des vigoureux Fouteurs :
Le Foutre y servira d'offrande,
Les Poils & Couilles de guirlande,
Les Vits de Sacrificateurs.

Aigle, Baleine, Dromadaire,
Insecte, Animal, Homme, tout
Dans les Cieux, sous les eaux, sur la terre,
Tout nous annonce que l'on fout.
Le Foutre tombe comme grêle,
Raisonnable ou non, tout s'en mêle ;

Le Con met tout les Vits en rut,
Le Con du bonheur eſt la voie,
Dans le Con gît toute la joie,
Mais hors du Con point de ſalut.

❀

Que l'or, que l'honneur vous chatouille ;
Sots Avares, vains Conquérans,
Vivent les plaiſirs de la Couille,
Et foutre des biens & des rangs.
Achille, aux rives du Scamandre,
Pille, détruit, met tout en cendre ;
Ce n'eſt que feu, que ſang, qu'horreur ;
Un Con paroît, paſſe-t-il outre ?
Non, je vois bander mon Jean-Foutre,
Ce Héros n'eſt plus qu'un Foureur.

❀

Quoique plus gueux qu'un rat d'Egliſe ;
Pourvu que mes Couillons ſoient chauds,
Et que le poil de mon Cul friſe,
Je me fous du reſte en repos.
Grands de la terre, l'on ſe trompe,
Si l'on croit que de votre pompe
Jamais je puiſſe être jaloux ;
Faites grand bruit, vivez au large,
Quand j'enconne & que je décharge,

Ai-je moins de plaisir que vous ?

Des Fouteurs la Fable fourmille ;
Le Soleil fout Leucothoé ,
Cynire fout sa propre Fille ,
Un Taureau fout Pasiphaé ,
Pygmalion fout sa Statue ,
Le brave Ixion fout la Nue ,
On ne voit que Foutre couler ;
Le beau Narcisse pâle & blême ,
Brûlant de se foutre lui-même ,
Meurt en tâchant de s'enculer.

Socrate , direz - vous , ce Sage ,
Dont on vante l'esprit divin ,
A vomi peste & a fait rage
Contre le sexe féminin ;
Et pour cela le bon Apôtre
N'en a pas moins foutu qu'un autre,
Interprétons mieux ses leçons ;
Contre le sexe il persuade ;
Mais sans le Cul d'Alcibiade ,
Il n'eût pas tant médit des Cons.

Mais voyons ce brave Cynique ,

Qu'un Bougre a mis au rang des chiens,
Se branler gravement la Pique
A la barbe des Athéniens.
Rien ne l'émeut, rien ne l'étonne,
L'éclair brille, Jupiter tonne,
Son Vit n'en est point démonté ;
Contre le Ciel sa tête altière,
Au bout d'une courte carrière,
Décharge avec tranquillité.

❁

Cependant Jupin, dans l'Olympe,
Perce des Culs, bourre des Cons :
Neptune au fond des eaux y grimpe,
Nymphes, Sirènes & Tritons.
L'ardent Fouteur de Proserpine
Semble dans sa Couille divine
Avoir tout le feu des Enfers.
Amis, jouons les mêmes farces,
Foutons tant que le Con des Garces
Nous foute enfin l'ame à l'envers.

❁

Tysiphone, Alecto, Mégère,
Si l'on foutoit encor chez vous,
Vous, Parques, Caron & Cerbère,
De mon Vit vous tâteriez tous.

Mais puisque par un sort barbare
On ne bande plus au Tartare,
Je veux y descendre en foutant :
Là , mon plus grand tourment , sans doute,
Sera de voir que Pluton foute ,
Et de n'en pouvoir faire autant.

Redouble donc tes infortunes ,
Foutu sort , sort plein de rigueur ,
Ce n'est qu'à des ames communes
A qui tu peux foutre malheur ;
Mais la mienne que rien n'alarme ,
Plus ferme que le Vit d'un Carme ,
Rit des maux présens & passés.
Qu'on me méprise & me déteste ,
Que m'importe ; mon Vit me reste,
Je bande , je fous , c'est assez.

ÉTYMOLOGIE
DE L'AZE-TE-FOUTE;
CONTE.

UN jour de Foire dans Châlons,
Colas s'en alloit à la Ville,
Monté fur le roi des ânons,
Animal foumis & docile
Contre l'ufage des grifons.
N'étant qu'au milieu de fa route,
Il fit rencontre de Catin,
Laffe, fuant à groffe goutte,
Et faifant à pied le chemin.
La Belle, voyant fon voifin,
Qui s'en alloit le vent en pouppe,
Le conjura par Saint Martin,
De la laiffer monter en croupe.
Un cœur auffi dur qu'un rocher
Se fût attendri pour la Belle ;
Elle étoit fraîche, encor pucelle,
Et fa main pouvoit s'accrocher
Par fois au pommeau de la felle.
Mais ces menus dons des Amans,
Que nous autres, honnêtes gens,

Avons baptifé *Petite Oie*,
Sont nommés par certains Manans,
Viande creufe & fauffe monnoie.
De ces Manans étoit Colas ;
Auffi n'en faifoit-il grand cas.
Depuis long-tems de la Donzelle
Il avoit pris Ville & Fauxbourgs ;
Mais elle défendoit toujours
Avec vigueur la Citadelle.
Le Gars en plus de vingt affauts
Fut repouffé fur la verdure,
Non fans force coups de fufeaux,
Sans mainte & mainte égratignure,
Colas en avoit le cœur gros ;
Auffi tout fec piquant fa bête,
Néant, dit-il, à la requête.
Catin le flatte tendrement ;
Le Manant touffe fièrement ;
Si l'une preffe, l'autre chante ;
Que faire en telle extrémité ?
Catin n'avoit point d'Atalante
Les pieds, ni la légèreté ;
Puis c'étoit au cœur de l'Été,
Peut - être dans la Canicule.
Colas gardoit fon quant-à-moi,
Néceffité n'a point de Loi.

Enfin la Belle capitule :
Arrêté fut qu'à chaque Pet ,
Que feroit Méffire Baudet ,
Maître Colas & la Bergère
Feroient un tour fur la fougère ;
Le tout pour le foulagement
Et le repos de la monture ;
Que toutefois griffe , ni dent ,
Façon aucune , aucun murmure
Ne feroient admis nullement ,
Sinon à pied & promptement,
Le traité fait , la Belle monte.
Le Drôle auffitôt du talon
Frappe le flanc de fon grifon :
Maître Baudet pète & fans honte ;
Il favoit par cœur fa leçon.
A cette efpèce d'exercice
Jadis l'avoit dreffé Colas
Pour certaine Dame Thomas.
Martin ayant fait fon office ,
Colas defcend , point de quartier ;
Elle eut beau cent fois le prier ,
Il l'emporte , il fue , il travaille,
Et d'une fanglante bataille
Revint tout couvert de laurier.
Tous deux remontent: la Fillette

Rajuste & mouchoir & cornette.
Bientôt après le Villageois
Tournant vers elle le minois ,
Fut surpris de la voir plus belle ;
C'étoit l'effet d'un incarnat
Qu'elle avoit acquis au combat.
Tout aussitôt ardeur nouvelle ,
Coups dans les flancs & nouveau son ;
Pour descendre moins de façon.
A la troisième pétarade ,
Catin vous fait une gambade ,
Tire Colas par ses habits ,
Lui montrant un prochain taillis.
Ce bois lui donna l'estrapade ,
Il en revint pâle & défait ,
Et jurant contre le Baudet.
Il n'étoit au but ; la Fillette
Avoit découvert son secret :
Elle talonne , l'Anon pète.
Lors , dit Catin , n'entends-tu pas ?
Quoi , répond l'autre ? l'Aze.... écoute ;
Si l'Aze pète , dit Colas ,
Palsangué que l'Aze - te - foute.

F I N.